图解 **精益制造**_075_

制造业
经营管理对标

过程管理(上)

丁汝峰 编著

人民东方出版传媒
People's Oriental Publishing & Media

东方出版社
The Oriental Press

对标世界一流，推进管理创新

当今的国际化和全球化，已使制造企业之间的竞争进入白热化阶段。西方国家制造业经过二百多年的发展已相当成熟，而我国制造业发展为时尚短，和西方发达国家有较长的历史错差，导致我们在认知和理念上的模糊和误判较多。

其实，仔细考察以美、日、德为代表的制造业发展历史会清楚地发现，制造企业是由技术创新和管理创新双轮驱动来获取竞争力的提高，两者互相匹配是重中之重。技术创新成果可以直观地看到，而管理创新成果则不容易被人们看到，它是一只"看不见的效益之手"。多年来，有不少人还片面地认为要通过技术驱动来获得竞争力，所以花了大量的资金，却很难获得理想的效果。这是典型不懂双轮驱动、不懂管理的现象。还有一点，就是管理的创新性特征，它不能像技术那样引进复制，由于有文化的差别，管理可以学习发达国家企业的模式和技术，但必须和本国本企业需求和环境相结合，进行本土化创新。所以，近年来，很多企业虽然复制、引进了西方发达国家的产品、技术、生产线，甚至管理模式和方法，但最终没有获得增强竞争力的理想效果，掣肘正是在管理创新上。

发达国家先进制造企业的经营管理发展路径，都是在科学管理的多年累积基础上，才能向精益管理创新转变，有此条件后才能逐步走向智能制造，保持竞争力。纵观我国企业在管理上的落后和参差不齐的多样性，精益管理创新会是我国先进制造发展的必经之路。

很多企业看到了这一点，所以现在向精益化企业转型的积极性很高。但精益企业的经营管理到底是什么样的？怎么去实现？其思路往往又不是很清晰，加之精益化转型肯定不会短期内立竿见影，需要长期累积才行（这和技术创新发展有相当大的不同），实现的技术路线选择要正确才行。日本企业是双轮驱动最成功的，在管理创新上颇有建树，创造了举世闻名的丰田生产方式（TPS-Toyota Production System），是精益生产和精益管理的典范。

这套《制造业经营管理对标》由四卷构成，本书为第一卷《过程管理（上）》。这套书把日本一流精益管理企业的经营管理内容详细整理了出来，为中国制造业企业的精益管理创新提供了一个非常翔实的蓝本。内容的呈现方式是对各项能力要素和行动要素的确认，但背后的理念思想、组织连接方式、方法和工具，更要潜心追索、研究和结合企业自身实情转化。这套书适合作为众多企业实施和国际一流对标活动的参考，是一套很好并颇为全面的管理教材。

天津大学管理创新研究院院长

2021 年 11 月　于天津

映照现实的镜子，指引未来的路标

近二十年来，福田汽车公司一直持续推进精益生产方式和精益管理方式，将其原理原则和方法与自身实际相结合，强化运行系统韧性、提高客户体验和效率、培养掌握先进思维和方法的人才群体。这项工作在福田汽车公司成长为商用车知名品牌的过程中起到非常大的积极作用。

后疫情时代，我们面临着百年不遇的全球性大变局，以及实现"双碳"目标的社会环境，对制造业的精益化水平提出了更高的要求。推进精益生产方式和精益管理方式，在全球范围借鉴和吸收先进经验是必不可少的。这套共由四卷内容组成的《制造业经营管理对标》，很全面地汇集了日本精益企业的优秀实践和思路方法。

通常经营管理的经验往往给人以抽象感，但这套内容以97项经营管理要素、402项管理要点、3565项对标指南条目以及每个条目下再有更多详细确认项目的方式，使经验和方法得到具体化，构成捕捉问题、发现潜力的细密网络，为中国制造业同仁提供了很好的对标参照。

原北汽福田汽车股份有限公司副总经理

北京福田戴姆勒汽车有限公司董事长

编著者序

这套《制造业经营管理对标》共由四卷组成，本书为第一卷《过程管理（上）》。这套书是面向制造业企业的工具书，不像很多书籍那样适合一个人捧着安静地读，更适合一群人一起读，而且在工作现场中一起用，循着书中给出的思维线索和条目指引，与现实状况进行对照。在围绕"对标指南"条目展开对照确认时，首先能达到企业人热烈议论甚至争论的思辨状态，是这套书追求的第一个场景；随后能紧锣密鼓地行动起来做改善革新，更是这套书期望引发的效果。

这套书是供制造业企业用于经营管理变革的。在 14 个章节和 97 项经营管理要素下，我极力用简明的语言阐述的是经营管理思维；在 402 项管理要点项下，着重提示的是组织和工作内容之间的连接方式；核心内容的 3565 项"对标指南"明确出的是能力要素，针对各项对标指南的"详细确认项目"以提问句方式或陈述句方式表达的更进一步的细项，则全部都是行动要素。

但是，单从这些内容中，并不能找出问题和答案。必不可少的是将这些内容与企业自身现实的目标计划、体制和各项实际业务密切结合起来进行梳理，这样便可以对比出强项、弱项、漏项。在"详细确认项目"的每条前面，我都标了一个"□"符号，提示在应用时可以进行打分量化，使强项、弱项、漏项更加容易明确。在这个环节有两点需要说明：一是打分标准，即使没有外部指导企业也完全可以自己内部议定；二是要采用多角度相互确认排查的方式，最大限度减少个人判断的差异。

强项、弱项、漏项清晰之后，就能确定出变革方向，形成具体课题，导出正确的行动方案，补齐漏项、加强弱项、发挥强项。所以，这套书是制造变革行动的工具。书中内容包罗了制造业企业经营管理的全部，但企业在实际应用的时候，不必追求一网打尽，可以从现实性、效果性、紧急性、未来性等角度综合考量，根据需要分步选择实施。另外，书中所指引的行动，与 ISO 各项国际标准和后来单独出的 TS16949 等具有在方向上的一致性，在落地上具有支撑性。

这套书是在日本中产连的《日本经营管理标准》的基础上编著的，是对日本一流制造业企业实践经验的集中汇集。最初的骨架内容是由丰田汽车公司制定完成的，并从一开始就由当时的蛇川忠晖副社长定下了向全世界传播和贡献的基调，之后由日本中产连进一步组织了电装、索尼、雅马哈、INAX、揖斐电、精工艾普森、NEC、新东工业、日本碍子、日本车辆、日本精工、兄弟工业、矢崎总业、林内等 14 家优秀制造业企业，将各企业每天的实践内容进行了汇总和研发，梳理出全面的经营管理要素和管理要点。

近 20 年来，我本人担任日本中产连北京代表处首席代表，在主持运营由跨国专家团队对 100 多家中国企业进行精益化变革指导的实际工作中，一直作为核心技术体系使用这套内容，深切感受到其中蕴含的力量，因此一直有一个夙愿，想把这套内容进行详细整理，并传递给更多企业。

疫情暴发后，在各种局面都发生很大变化的背景下，我本人的良师益友、全日本能率连盟副会长、日本中产连专务理事小川胜美先生，从各方面给予了支持和协调，并表达了"制造无国界，希望日本的经验对中国企业有帮助"的心声，使我能够名正言顺地对这套内容进行重新编著，夙愿得以实现。现在的这套书，虽然结合中国企业的实际状况、结合企业家和专家学者的意见进行了结构重塑，但极力保持了对日本一流制造企业经验内容写照的深入细致和原汁原味。

这套书以排查确认的方式所打开的制造业企业的内部经营

管理，指向的是精益企业的应有状态，换言之，这套书所示的经营管理，整体的统领是精益思想。发源于日本丰田汽车公司的精益方式，是众多中国制造业企业致力转型升级的方向。企业在以书中内容与自身现状进行对标时，通过组织化的研究和思考，会发现在思路和方法上的不同；而找到与精益思维方式和精益行为方式之间存在距离的具体事项，是创造转变的契机。我非常期待这套书能为中国制造业企业的精益化转型、效率提升和管理变革提供实际帮助。

全书囊括的内容可谓博大精深，最初带领我走入书中世界的是日本中产连的前任专务理事竹内弘之先生，他是一位因贡献卓越曾获得日本国家勋章的管理专家；真正把我带入这套内容深处的恩师，是丰田精益生产方式专家佐佐木元先生，他用了整整七年的时间手把手地教导我如何详细理解和应用，虽然先生已猝然离世，但他叮嘱要通过工作带给更多人成长和快乐的话，没齿不忘；在早期将书中内容实践应用于中国企业时，长达 11 年间，我曾无数次得到时任福田汽车常务副总裁余东华先生的闪耀着实业家智慧的意见和建议；在对这套书的内容进行各角度研究的过程中，我曾得到天津大学齐二石教授和牛占文教授的多方面、全方位的指导；这套书的出版发行，得到了东方出版社崔雁行主任的鼓励和支持；书中内容从日文向中文的翻译转化，是在近20年的使用过程中陆续完成的，北京中产连的各位成员都曾参与其中，为这套书做了大量工作。我在此一并表示衷心感谢。另外，制造业的经营管理涉及浩瀚内容，在表达书中内容时很可能存在瑕疵甚至错讹，欢迎读者批评指正。

丁汝峰

注：日本中产连，全称"日本中部产业连盟"（日文表述），1948年成立，是日本国经济产业省直接管辖的产业效率专业机构。

目　录

第1章 ┃ 营　销

第 2 章 | 开 发

第 3 章 | 采购和外包供应商管理

第 1 章

营销

无论在什么时代，企业活动的出发点都是一样的，那就是：把能吸引顾客的、具有价格魅力的商品，在必要时适量提供给顾客。营销部门是企业与顾客的连接点。本章"营销"以产品销售、市场营销机能为对象进行经营管理具体内容的确认，使营销部门明确自身的强项、弱项和漏项，从而推进其改善。

营销部门必须迅速、准确地抓取市场信息，再把信息传递给企业相关的所有部门，兼具协调者和管理者的作用。

营销的基本方针和商品规划是否具有革新性和竞争优势？

营销部门日常的工作中是否存在浪费，是否有效运作？营业部门对本公司内部是否具有很强的影响力？

……

本章从以上着眼点入手，对营销部门的经营管理进行全面排查和确认。

● "营销"一章包括以下 9 项经管要素（参照图 1）：

1. 营销的方针管理

2. 营销的组织体制

3. 商品策划

4. 销售策划

5. 信息技术

6. 销售渠道

7. 销售物流

8. 营销活动

9. 销售业绩

营　销

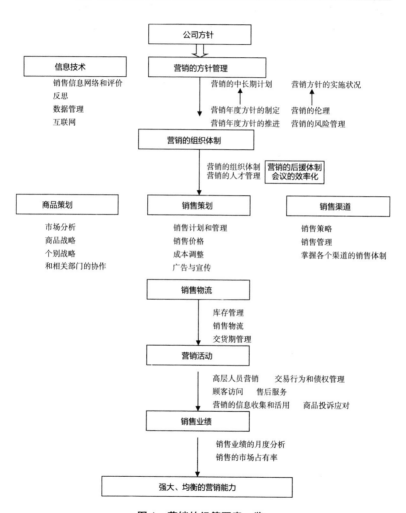

图 1　营销的经管要素一览

01 | 营销的方针管理

　　企业必须在客观掌握本公司竞争力（经营资源）、市场动向（竞争对手和顾客）、销售渠道的基础上，制定革新性的营业基本方针，并以此为基础开展多种多样的营业活动。

　　本项经管要素确认营销部门是否以公司中长期计划为基础制定具体的部门方针；营销部门的方针是否已分解为营销一线的行动计划；从确认结果到下一个营销活动是否形成了连锁业务链；进而是否形成了包括任务和实施方针的完备的组织机制；营销行为是否未违反伦理。此外，还要确认风险管理是否有相应的手册，是否进行了定期训练。

　　★"营销的方针管理"包括以下管理要点：

　　①营销的中长期计划
　　②营销年度方针的制定
　　③营销年度方针的推进

④营销方针的实施状况和评价反思

⑤营销的伦理

⑥营销的风险管理

①营销的中长期计划

基于公司方针的营销部门中长期计划，是一切营销活动的根本。中长期计划指的是包括销售额、利润、人员、投资等在内，企业在未来 3~5 年内的事业计划。营销部门是否有遵循公司方针而制定的中长期计划，是否有为完成计划的具体活动方案和解决课题的具体方案，是否有明确的职能分担、责任范围，其进度管理和定期的方向修正以及从进度结果分析到提出对策是否切实、准确、实时。这些都是确认营销部门中长期计划的着眼点。具体参照表 1-1-1。

表 1-1-1　营销的中长期计划

对标指南	确认对象	确认内容和方法	详细确认项目 （检查、沟通、指导）
a. 有无中长期计划	分管营销的公司高层人员	确认中长期计划，了解背景、具体性。	□有中长期计划
			□部门负责人能够正确把握现状，并把自己的想法编入方针目标
			□计划是根据公司的中长期经营计划制定的
			□掌握了外部环境（经营环境、社会环境等）的变化
			□明确掌握了顾客的需求和期望
			□对本公司的经营做出准确定位
b. 方法的具体性	↑	确认关于方针的具体文件。 听取。	□在充分考虑上述外部环境和内部环境变化的基础上制定方针目标
			□为完成计划的战略课题明确
c. 目标的明确化和资源的分配	营销部门负责人员	确认完成目标的具体方法；确认确定重要程度的方法。 听取。	□设定了最高水准的、有独特性、革新性的目标
			□已把目标适当地进行量化
			□明确了达成目标的技术力量、人才和预算

对标指南	确认对象	确认内容和方法	详细确认项目 （检查、沟通、指导）
d. 和其他部门的关联性	↑	确认中长期计划。听取。	□技术、生产等相关部门提出的方针内容中包括了营销部门的意见和期望
e. 计划的定期重估	↑	↑	□考虑到实际经营方向偏离最初构思的可能性，能够根据环境变化和实际业绩每年调整一次计划。

②营销年度方针的制定

在以实现中长期计划为目标的营销年度方针中，要具备能够具体落实到实行计划的内容。因此，本项管理要点需要确认：营销方针是否遵循了公司的总方针，并有顾客、竞争、市场和本公司的经营资源意识；是否从顾客满意度的角度出发制定顾客方针并明确提出顾客导向；是否明确把握重点并分解到营业第一线，并实施充分的管理和跟踪验证。具体参照表1-1-2。

表 1-1-2 营销年度方针的制定

对标指南	确认对象	确认内容和方法	详细确认项目 （检查、沟通、指导）
a. 有无年度方针	分管营销的公司高层人员、营销部门负责人	确认年度和中长期计划书、公司方针、部门方针等。听取。	□有年度方针
			□分管营销的公司负责人、营销部门负责人能够正确把握现状，把自己的构思编为方针目标
			□计划反映了部门中长期计划和公司年度计划
b. 顾客导向性	↑	↑	□方针明确掌握了顾客和销售渠道需求
c. 采纳的课题，竞争意识	↑	确认前期总结和本期计划。听取。	□意识到竞争企业的存在，有对标标杆
			□量化评价了前期的实际业绩，对于未完成的事项，在分析原因的基础上制定了对策
			□制定方针时编入了前一年度的以下项目：质量、成本、安全、环境、人才
			□能够采取重点导向决定课题
			□对计划修改已形成机制
d. 目标的明确化和资源的分配	↑	确认计划书的目标、日程、责任人。听取。	□不是过去的延续，能以重点为导向
			□依据重点导向进行了经营资源的分配
e. 方针的开展	↑	↑	□行动计划的明文规定细化到营销责任人个人层面

③营销年度方针的推进

为了把年度方针具体落实到实施计划中，要重视推进体系和推进计划的具体内容。

本项管理要点确认在推进体系中是否做到责任明确，是否能够根据情况灵活调整组织；计划的内容是否已由营业部门的年度计划分解，部门人员在实行层面的水平是否具有具体性和统一性。具体参照表1-1-3。

表1-1-3　营销年度方针的推进

对标指南	确认对象	确认内容和方法	详细确认项目 （检查、沟通、指导）
a. 推进体系	分管营销的公司领导、营销部长	确认组织表、交接管理要领、中期计划书、营业方针等。 听取。	□建立了贯彻年度方针目标的推进体系
			□明确了推进体系的负责人、主管部门、会议常设机构等的职能、任务、责任、权限等事项
			□依据情况的变化对推进体系进行了重估和改善
b. 推进计划	↑	确认推进计划表。 听取。	□用5W1H编写项目推进计划
			□推进计划为全部门人员共享，公开张贴在所有人都能看清的地方

对标指南	确认对象	确认内容和方法	详细确认项目 （检查、沟通、指导）
c. 向各层级推进	↑	确认每个计划，了解部门负责人的年度计划和目标是如何被分解的。	□推进计划分解到了部、科、个人计划，在项目中能看出统一性、整合性
		和过去的推进计划表比较。	□实现目标的方法作为机制已落实，水平逐年提高

❹营销方针的实施状况和评价反思

根据推进计划和推进体系，在实施营销年度方针的过程中，要掌握和跟踪实施状况，并研究制定未完成年度方针时应采取的对策。

本项管理要点根据实际业绩表，确认并诊断分管营销的公司高层人员和营业部门负责人定期的进度管理状况，部门每个人对进度的理解，以及在未完成时采取对策的情况。具体参照表1-1-4。

表 1-1-4 营销方针的实施状况和评价反思

对标指南	确认对象	确认内容和方法	详细确认项目 （检查、沟通、指导）
a. 推进状况的把握和追踪	分管营销的公司高层人员、营销部门负责人	确认实际业绩表。 听取。	□分管营销的公司高层人员定期（每年 2 次以上）实施进度管理
			□营销部门负责人定期（每月 1 次以上）实施进度管理
			□每个员工都清楚具体的推进情况（何人、做什么、做到何种程度）
			□营销部门负责人能够正确把握推进计划的完成进度
			□成果、反思课题与对策，能够按照方针管理联系在一起
			□在确认成果时评价了成果和费用的平衡
b. 未完成计划时的对策	↑	确认实际业绩表等。 听取。	□目标未完成时，制定了相应对策
c. 改善项目的落实	↑	确认规定、手册、作业标准书等。 听取。	□改善后的项目反映在规定、手册、作业标准书等文件中

⑤营销的伦理

无论现在还是将来，企业要想作为一个良好的社会成员继续生存下去，就要重视商务活动中的营销伦理。具体参照表1-1-5。

在商务活动中，是否违反营销伦理是一个重要管理要素。

本项管理要点确认：对反社会的销售方法和战略物资（不合法物品）等反营销伦理行为的约束是否已做出明文规定；是否已使营销伦理观念深入每个销售人员的意识中。确认相关约束文件，并在实际的营业第一线进行排查。

表1-1-5　营销的伦理

对标指南	确认对象	确认内容和方法	详细确认项目 （检查、沟通、指导）
a. 对反社会销售方法的约束	营销部门负责人	通过约束规则是否健全和有无审查部门，确认认知程度和贯彻程度。 听取。	□用文件约束了反社会的销售方法
			□文件规定的内容贯彻到了营业现场第一线
b. 对战略物资销售的认知	↑	↑	□不合法物品（有可能用于反社会用途的物品、战略物资、军用物资等）的经营和有可能被恶意用于反社会用途的交易已用文件形式进行明确规定

对标指南	确认对象	确认内容和方法	详细确认项目 (检查、沟通、指导)
c. 对相关法律的认知	↑	通过约束规则是否健全和有无审查部门，确认认知程度和贯彻程度。 吸取，并用组织图确认。	□法律事务部门是独立的
			□一年一次传达到营销现场
			□一年一次在营销现场进行指导
			□法律法规修改后，在一个月内进行了解释和应对

⑥营销的风险管理

　　营销部门需要从全公司的角度出发把握风险管理，在营销过程中要对威胁工作的风险进行切实管理，上至管理层，下至一线员工，都要理解风险所在。本项管理要点具体确认：风险管理手册的完备程度、风险管理信息的收集方式、风险发生后的行动方式、定期监查和机制调整的状况。具体参照表1-1-6。

表 1-1-6 营销的风险管理

对标指南	确认对象	确认内容和方法	详细确认项目 （检查、沟通、指导）
a. 风险管理规则的完备	营销部门负责人	确认与风险管理相关的规定或手册。 听取。	□营销部门的风险管理的定义明确
			□风险管理规定或手册完善
			□有发现异常状态的判断基准
b. 风险管理信息的收集和风险管理对象项目	↑	↑	□有完备的风险管理体系
			□有对应风险的信息收集机制（国内、国外）
			□对本部门的全体人员实施了有关风险的培训，做到了彻底统一认识
c. 风险发生后的行动规则	↑	↑	□风险发生时的应对方法明确
d. 定期监查和机制改善	↑	↑	□定期进行监查（一年一次以上）并改善机制
			□有把监查结果反映在下一年度方针中的机制

02 | 营销的组织体制

　　营销人员的销售能力是首要条件。为了提高推销人员的销售能力，要完善能让他们专心致力于销售活动的后援体制。

　　本项经管要素确认专业培训和营销活动的管理体制，能够让销售队伍专心致力于销售活动的后援体制，个人的销售业绩和销售意识，以及营销部门在公司内的定位、责任权限、会议常设机构和效率等。

　　★ "营销的组织体制"包括以下管理要点：

①营销的组织体制

②营销的人才管理

③营销的后援体制

④会议的效率化

①营销的组织体制

营销方针会不会沦落为单纯的"画饼"行为，营销的组织体制起决定作用。

围绕贯彻营销方针，需确认：是否形成了包括重点导向的组织、人才配置；其组织是否采用简明易懂、单纯和扁平化的运作；各个组织和分管部门的任务、权限、责任是否明确；组织体系能否根据外部环境的变化而迅速灵活地改变。通过组织表、销售点配置图、职务分工表、过去的业绩等对以上内容进行确认。具体参照表1-2-1。

表1-2-1　营销的组织体制

对标指南	确认对象	确认内容和方法	详细确认项目 （检查、沟通、指导）
a. 与战略方针的联动性	分管营销的公司高层人员、营销部门负责人	确认组织表。交接管理要领。	□组织体系能够适应年度方针和固定业务的要求
			□各个部门、各个销售点的人才配置适当
b. 任务、责任、权限的明确性	↑	依据职务分工确认任务。	□明确规定了总部、驻外机构的分管业务、责任及权限
			□根据业务分工等明确了责任和权限
			□依据业务内容下放权限给了现场管理者
			□和人事考核联动，责任明确，赏罚分明

对标指南	确认对象	确认内容和方法	详细确认项目 （检查、沟通、指导）
c. 组织体制的灵活性	↑	确认组织表。 交接管理要领。	□根据外部和内部环境变化，成立了项目团队、机动团队等灵活的体系进行活动
			□依据业务负荷，同样机能的团队能协同活动
d. 迅速传递信息和决议的机制	↑	↑	□组织扁平化，能够迅速地传达上级的决定，同时直接传达下位的报告（组织扁平化是指在组织中不牵扯复杂的认可权限）
			□能够用电脑等工具与相关部门共享必要的信息，收集丰富的有关案例和迅速决策

②营销的人才管理

关系到各层次教育和人格形成的公司范围内全体员工培训固然重要，但专业的营销培训也极为重要。

本项管理要点确认营销专业培训是否在整个公司有组织地、系统地、定期地进行；其内容是否不限于专业知识，也包括礼貌培训和5S 培训等具体内容。

此外，还要确认销售部门内部的小团队活动等启蒙、启发活动的计划内容如何、是否在实施；在这种人才培养的基础上，是否扎实地制定了面向未来的人才计划。具体参照表1-2-2。

表1-2-2　营销的人才管理

对标指南	确认对象	确认内容和方法	详细确认项目 （检查、沟通、指导）
a. 有计划的人才配置	营销部门负责人	听取。	□有部门人员的职业生涯培养计划
			□有职业生涯培养计划的运作规则
			□有遵循职业生涯培养计划的长期人才配置计划（如人事轮岗计划）
b. 有无营销人才培养大纲和现状	↑	确认教育大纲内容。 听取。	□在销售部门有教育大纲
			□教育目的明确
			□教育大纲内容是有组织、有计划的
			□定期、有计划地活用外部教育机构
c. 启发活动的状况		实地确认营销总部和营销现场。	□有能力开发目标并完成指标
			□有营销的启蒙、启发制度
			□在办公室内进行了5S意识的指导
			□在办公室内彻底实施了5S

③营销的后援体制

　　营销的基本业务是发挥对顾客的窗口作用，营销部门要建立能够支持此项任务的体系。

　　本项管理要点以立足营销现场的方式，通过实际状况和信息进行确认：是否确立了订单流程；来自销售的信息和要求是否与其流程一致；是否形成了切实跟踪订单的机制；是否分配了能够专注于销售活动的时间。具体参照表1-2-3。

表 1-2-3　营销的后援体制

对标指南	确认对象	确认内容和方法	详细确认项目 （检查、沟通、指导）
营销的后援体系	营销部门负责人、年轻的营销人员（有亲身感受的人）	确认实际信息。听取。	□针对来自销售方面的要求，相关部门按照交货期进行了答复
			□无须销售部门督促
			□针对不遵守交货期的行为，销售方面能够提出改善措施
			□做到了专心致力于市场的信息收集、商品规划等营业活动
			□有接受订单的流程，从接受订单到交货的每个步骤，必要部门都做了跟踪工作
			□有既定的接受订单流程，任务明确

对标指南	确认对象	确认内容和方法	详细确认项目 （检查、沟通、指导）
			□即使没有营销的进度管理，业务也能够顺利进行
			□营销部门在交货期管理和协调上花费的时间，不超过一定基准

④会议的效率化

会议是传达方针和统一认识、确定战略、解决问题的必要而重要的活动。但是，会议的作用不能仅是汇报和收集上级的信息。

本项管理要点确认：会议的目的是否明确；是否严守时间，是否事先分发议题和资料；是否带着本部门的统一见解参加会议；会议是解决问题型还是信息收集型；定期会议的召开频率和内容是否恰当；紧急会议的召开是否灵活。具体参照表1-2-4。

表 1-2-4　会议的效率化

对标指南	确认对象	确认内容和方法	详细确认项目 （检查、沟通、指导）
a. 部门会议体制的明确性	事业部长、营销部长、营销责任人	确认会议记录。听取。	□提前将大致会议内容告知与会人员
			□会议的起始和结束时间得到严格遵守
			□是否被没必要出席的会议拘束
			□会议能够议而有决（有会议记录、有任务分工、有明确交期、有检查、有实施）
b. 解决问题型和信息收集型会议的区分	↑	↑	□会议体制不是单纯的信息收集型，而是以切实做出决定的解决问题型为主体
			□为了使解决问题型会议增加，开展改善工作
			□个别紧急会议能及时召集相关部门召开，并尽快得出结论
c. 信息传达型、信息收集型会议的召开频率			□信息传达型和信息收集型会议充分利用了公司内邮件等媒介，并控制在必要的最低限度

03 | 商品策划

现有商品在种种环境变化和激烈竞争中会逐渐失去竞争力和收益力，因此要持续开发具有商品力的新商品。

本项经管要素追踪从新商品构思到具体规划书的一系列业务过程，把握市场需求和对本公司商品的评价，并通过与相关部门协作，确认营销的任务和责任。

★ "商品策划"包括以下管理要点：

① 市场分析

② 商品战略

③ 个别战略

④ 与有关部门的协作

①市场分析

有效的市场分析是战略构筑的重要要素之一。

本项管理要点确认：是否充分分析了自身的强弱项、与竞争对手的竞争状况；是否实施了标杆对标；对现有商品和开发中商品的市场动向与未来需求是否有充分的确认和掌握；是否有能够实时把握顾客信息的体系；目标市场是否明确。企业应通过市场调查表、结果分析表等确认以上内容，对市场分析方法也一并确认。具体参照表1-3-1。

表1-3-1　市场分析

对标指南	确认对象	确认内容和方法	详细确认项目 （检查、沟通、指导）
a. 有无目标市场（目标顾客）的区分	营销部门负责人、商品规划部门负责人	确认市场分析资料、市场分析的机制、失败或成功事例。 听取。	□通过市场分析，整理并明确目标市场（目标顾客）
b. 对顾客需求的把握程度（包括潜在需求的发现和价格趋势。潜在需求的发现，指分析产品附加机能、验证市场规模之类的举措。）	↑	↑	□为了开发新产品，开展了把握顾客需求的活动
			□收集并分析了特定商品销售后的顾客反映
			□把顾客需求的分析结果反映到了本公司的措施中

对标指南	确认对象	确认内容和方法	详细确认项目 （检查、沟通、指导）
c. 标杆对标 （把握本公司的强弱项）和需求预测	↑	确认市场分析资料、市场分析的机制、失败和成功事例。 听取。	□能够定期进行包括竞争对手在内的标杆对标
			□标杆对标结果能够反映到本公司的措施中
			□用切实的方法（科学的方法、统计资料等）对需求预测和市场规模进行了分析（科学方法不是凭感觉预测需求，是指比如明确对象销售产品群的总需求、区分目标市场、认清发展趋势的全部方法；统计资料是指过去的数据）
d. 营销信息的及时发布和应用	↑	↑	能够将日常营销活动产生的市场分析信息及时在公司内发布并灵活运用 （与相关部门协作，有计划地实施信息收集）

②商品战略

从市场分析中获得的结果是市场竞争力的客观评价，是维持商品结构平衡性的依据。

通过市场分析结果和各商品的中长期计划、实际业绩，对商品战略进行确认。有多少新商品规划（包括构划阶段的商品）；是否充分研究了商品的合并与废弃并付诸实施；商品的结构是否具有良好的平衡性；投放市场的安排是否符合营销方针。具体参照表1-3-2。

表1-3-2　商品战略

对标指南	确认对象	确认内容和方法	详细确认项目 （检查、沟通、指导）
a. 新商品开发	营销部门负责人 开发部门负责人	确认商品战略资料（使潜在需求表面化的建议的数量及内容）。听取。	□制定了切合市场分析和营销方针的商品战略
			□有新商品投入计划
			□新商品投入计划与方针一致
b. 商品结构（整体内容和项目）	↑	↑	□商品结构与市场分析结果和营销方针相符
c. 合并与废弃计划（考虑产品生命周期，明确导入期、成长期、衰退期）	↑	↑	□有商品合并与废弃计划
			□商品合并和废弃计划与方针一致（能对衰退期商品的合并和废弃及时决议）

③个别战略

在商品战略基础上，要构筑个别商品的销售战略。

本项管理要点确认：商品策划是否具体而明确；其内容是否充分分析了实际销售额业绩和策划书的变化点；分析的结果是否反映在了后续的策划内容中。

要通过商品策划书和实际业绩表等确认以上内容。另外，重复率也是一个需要格外关注的要素。具体参照表1-3-3。

表1-3-3　个别战略

对标指南	确认对象	确认内容和方法	详细确认项目 （检查、沟通、指导）
a. 商品策划书（包括商品概念、目标、规格、销售数量等） ● 商品策划是出样品前的重要阶段 ● 商品策划书被认可，之后才进入商品化项目的阶段	营销部门负责人 开发部门负责人	确认商品策划书。听取。	□策划书的内容实时而具体（日程、目标、开发体系、销售额规模、利润、投资、生产准备等） □得出的结果与策划书相符 □策划和实际业绩得到验证，并反馈到战略和策划书中

对标指南	确认对象	确认内容和方法	详细确认项目 （检查、沟通、指导）
b. 重复率	↑	↑	□能够重复获得订单，市场份额维持率上升（市场份额维持率是本公司针对顾客总需求的目标占据率。在汽车的构成零部件中使用同部位市场份额占有率的名称，在零售业多称为店内市场占有率或范畴内市场占有率）
c. 实际业绩分析	↑	↑	□有针对实际销售业绩的分析（为明确下期对策的分析）
d. 变化对应	↑	↑	□有在前提条件发生变化时的对应方法和规则

④与相关部门的协作

新商品开发，需要相关部门迅速而顺利地接受营业部门收集的信息。

本项管理要点确认营销部门与必要部门的合作、协作程度。营销部门是否形成了与相关部门协作的一体化工作推进体系；项目团队化的推进体系是否充分；是否有并行推进业务和节省不必要工时的机制。要根据商品规划书和进度管理表等文件确认以上内容。具体参照表1-3-4。

表1-3-4 与相关部门的协作

对标指南	确认对象	确认内容和方法	详细确认项目 （检查、沟通、指导）
a. 商品战略的接受窗口	营销部门负责人	确认商品策划书、大日程管理表。听取。	□有商品开发的主管部门和项目团队
b. 进度检查	↑	确认营销部门是否定期切实检查进度。	□按照商品策划书的进度，每个步骤相关部门都能及时参与
c. 与相关部门的合作程度	↑	↑	□研发部门也充分参与并理解营业内容
			□对新商品投入计划及商品合并、废弃计划，相关部门都有参与

04 | 销售策划

营销方针确定的各种商品的销售目标，必须落实到采用何种方法销售、销售多少的详细行动计划，包括商品的合并与废弃。通过具体的行动计划和结果确认销售工作的实际状况；通过利润和价格状况的实例确认权限和职责；对商品 PR 所投入的广告宣传与发布的频率和效果，也根据需要进行确认。

★ "销售策划"包括以下管理要点：

①销售计划和管理

②销售价格

③成本调整

④广告宣传

①销售计划和管理

各个销售计划即短期内重要的行动计划，行动计划的管理状况直接关系到企业、组织、个人水平的提高。

本项管理要点针对销售计划和实际业绩，着重对以下事项进行确认：数据基础（基本数据、市场占有率等）是否确切，据此制定的销售计划是否合理；销售计划是否具有和中长期计划的一致性；对市场变化和顾客变化是否采取了应对措施；是否能用多视角对实际业绩进行分析，是否能够与生产部门信息共有化，使生产实时应对市场变化。具体参照表1-4-1。

表1-4-1　销售计划和管理

对标指南	确认对象	确认内容和方法	详细确认项目 （检查、沟通、指导）
a. 计划编制	事业部长营销部门负责人（地域、销售点负责人）	确认销售计划和运营方法。听取。	□销售计划是与中长期计划方针联动的
			□销售计划充分考虑了顾客、竞争对手、市场占有率和市场增长率
			□有原单位数据库并充分利用（销售的原单位数据库诸如市场的增长、销售额的增长、本公司的竞争市场占有率、经费预算等）基础数据，原单位数据的水准主要看能否支持拿出具有可实施性的对策方案）
			□通常情况下每年2次对计划实施修订，在发生变化时对每个变化点进行及时调整

对标指南	确认对象	确认内容和方法	详细确认项目 （检查、沟通、指导）
			□关于每季度、每月的利润计划，在过程中对利润目标进行进度管理，采取措施
			□为达成利润目标，有公司层级的具体对策和计划，在明确任务分工的基础上，对结果进行追踪
b. 促销计划	↑	↑	□为达成目标，区分一贯做法和促销计划
			□实行了区别于一贯做法的促销活动
			□促销活动有效
c. 与生产部门的联动	↑	↑	□促销计划与生产部门联动展开
			□每季度 1 次和每月 1 次确保获得顾客的生产计划
			□生产部门能够根据顾客的生产计划，及时调整更新生产布置
d. 市场变化的对应	↑	↑	□尽早掌握顾客信息，实行事先管理
			□事先管理与促销活动和生产调整（增减）直接相关（事先管理即从事先掌握相对预算的变化原因，到实施具体行动的管理过程）
			□能够把变化内容切实反映到生产和相关部门（情况变化后无晚发货、缺件等）

②销售价格

在企业活动和营销活动中，价格的重要程度不言而喻。

本项管理要点通过销售计划表、实际业绩表、报价基准书、实际市场价格表等对以下项目进行确认：对市场价格的掌握是否充分；价格信息是否为制造成本及时发挥了调整功能；价格信息是否能够支持销售价格战略并达到利润目标；价格信息是否能够满足快速准确报价的市场对应需求；价格信息是否能够在频繁变化的市场环境中得到及时维护。具体参照表1-4-2。

表1-4-2　销售价格

对标指南	确认对象	确认内容和方法	详细确认项目 （检查、沟通、指导）
a. 价格战略（新商品销售时的价格战略归属成本规划的范畴，此处的价格战略指营销部门根据市场状况决定价格的情况）	营销部门负责人	确认市场价格信息资料、销售计划表、业绩表、报价基准。听取。	□对本公司价格竞争力的强弱项有清晰的认识
			□能收集到市场价格信息
			□设定了市场价格、战略价格的目标成本
b. 报价基准	↑	↑	□有报价基准，始终关注市场价格并进行调整
			□成本、价格均为最新表格

对标指南	确认对象	确认内容和方法	详细确认项目 （检查、沟通、指导）
c.利润 验证	↑	↑	□利润计划与中长期计划具有一致性（销售计划是利润计划的具体落实，与生产、供应、投资联动）
			□利润计划中有生产、供应、投资等的具体行动计划
			□生产、供应、投资等环节均已按计划采取行动（根据过去的数据确认采购等部门采取行动的状况）

③成本调整

实现成本目标，是获得利润的源泉。提供准确的市场价格信息，明确对成本的指示和要求，是营销部门担负的重要职能和责任。通过利润实际业绩和实际行动过程状况，确认营销部门为了确保实现销售计划的利润指标，是否设定了恰当的目标成本，是否对确保利润的制造成本做出了指示，是否对成本规划部门有足够的影响力。具体参照表 1-4-3。

表 1-4-3　成本调整

对标指南	确认对象	确认内容和方法	详细确认项目（检查、沟通、指导）
a. 公司内成本调整的机制和规则	营销部门负责人、成本规划部门负责人	确认目标成本用何种方式进行管理和任务分配；是否能落地到具体的行动策略。	□有基于成本规划的明确的目标成本
			□目标成本能够向成本规划部门展开
b. 判断过程	↑	↑	□营销部门有同意或向成本规划部门退回的权限
c. 营销部门的成本意识	↑	↑	□营销部门有把目标成本指示到生产制造成本规划部门的权限
			□营销部门有把目标成本指示到生产制造成本规划部门的权限

④广告宣传

技术性、营销性的展示及技术交流会、展示会，是建立人脉关系和提高企业形象的极为重要的活动，要根据预算表和实际实施状况资料确认广告宣传的频率和效果。另外，企业对展示会、交流会的意见反馈跟踪状况、基础数据、今后的预定表等，也要进行确认。具体参照表 1-4-4。

表1-4-4　广告宣传

对标指南	确认对象	确认内容和方法	详细确认项目 （检查、沟通、指导）
a. 产品沟通战略的实施（措施、工具）	营销部门负责人（区域、营销点的负责人）	确认展会规划书和计划书、业绩、市场、产品小册子反馈资料。听取。	□定期主动实施企业产品展示和技术交流、技术演示活动
			□企业产品展示和技术交流技术演示活动实施得当
			□每年举办1次产品展览会
			□有随时可进行产品和技术演示的工具，并不断更新
			□有市场调查并汇总结果，能事后跟踪
			□顾客意见调查的结果良好
			□产品宣传册能够体现营销意图，每年更新，顾客易懂
b. 广告宣传的效果确认	↑	↑	□在广告宣传上有对费用投入和效果产出进行对比评价的方法
			□费用与效果的对比得到验证（费用与效果的投入产出比，通过认知度提高、用户增加、复购率提升等事实验证）

05 信息技术

迅速、准确地收集并传递信息是营销的重要职能。

本项经管要素确认对市场信息、销售信息进行收集、管理、使用的思路方法和业绩，并格外关注信息技术手段的简便性和联动效率。

★ "信息技术"包括以下管理要点：

①销售信息网络
②数据管理
③互联网

①销售信息网络

收集和发布销售信息是营销部门极为重要的职能。本项管理要点确认并指导对销售信息的管理：是否建立了销售信息的内部局域网络并与制造、开发和海外销售点联动；顾客信息、市场信息、销售信息、单个订单、交货期管理、出货信息、商务活动信息是否也能够联动并实行一元化管理；信息是否易于搜索，任何相关人员都能连接；公司自身的信息网络系统能否与顾客系统联动。具体参照表1-5-1。

表1-5-1　销售信息网络

对标指南	确认对象	确认内容和方法	详细确认项目（检查、沟通、指导）
a. 网络系统的有无和完善程度	信息系统部门负责人、营销部门负责人	确认系统。听取。	□制造、开发、销售、海外销售点等部门，能实时以内部局域网络连接
			□同顾客之间的线上接收订单系统完备
			□从生产到出货，直至销售统计，能够运用一个系统平台完成
			□计划和实际业绩的信息实行了一元化管理
b. 信息共享	↑	↑	□信息能够在有关人员间共享（生产、销售、管理）
			□有能够实时输入信息的机制和规则
			□对不充分信息和无用信息，能够按照内部基准进行处理

②数据管理

数据是宝贵的经营资源，但如果不能及时充分应用，就会失去时效，造成浪费。对数据管理，要从硬件、软件两方面进行确认。

是否有把收集的信息极其简便地转化为数据库的软件；是否有能统一管理的软件；能否很容易地搜索到信息并进行信息加工；信息系统是否具有充分的保密功能。在进行系统工作时，要对这些方面进行确认。具体参照表1-5-2。

表 1-5-2　数据管理

对标指南	确认对象	确认内容和方法	详细确认项目（检查、沟通、指导）
a. 信息加工和检索	信息系统部门负责人、营销部门负责人、生产部门和管理部门负责人	确认实际信息。听取。	□为确保营销输入信息的有效性，定期进行评审
			□销售信息、顾客信息、市场信息等有助于营销活动的信息，得到了收集和管理
			□信息易加工、易检索、易读取，系统易操作
b. 数据保密	↑	↑	□有专门针对特定数据保密的明文规定
			□对特定数据，有保密机制

③互联网

21 世纪是万物互联的时代。本项管理要点确认的是电子商务的情况：对电子商务有怎样的规划和构想；是否已致力于电子商务工作；关于顾客的对应是否建立了相应的体制，包括"B to B"以及"B to C"等方面。具体参照表 1-5-3。

表 1-5-3　互联网

对标指南	确认对象	确认内容和方法	详细确认项目 （检查、沟通、指导）
a. 公司网站主页	信息系统部门负责人、经营规划部门负责人、事业部负责人	确认实际的网站主页画面。听取。	□在主页有产品介绍和销售网跳转等营销的内容
			□对营销信息能够及时进行应对
b. 互联网销售的推进	↑	确认电子购物平台、网络销售、电子化供应等的状况。	□能应对顾客的电子化供应系统
			□有明确的互联网营销战略

06 | 经销渠道

与研发、生产和营业等内部功能相比，经销渠道（直销以外的销售途经）属于外部功能，但销售渠道的选择会对营销的所有领域产生重大影响，因此非常重要。经销渠道要和中长期计划及营销方针具有统一性。

本项经管要素着眼确认是否有能够满足销售方针和策略的网点和人员；培训和支援是否充分；经销渠道是否创造了价值；经销渠道方本身的满意度如何。

★ "经销渠道"包括以下管理要点：

①销售渠道对策
②销售渠道管理
③掌握各个渠道的销售体制

①销售渠道对策

为贯彻营销方针，企业需要具备有效的销售渠道。

本项管理要点从以下角度确认销售渠道对策的有效性：销售渠道对策是否与营销方针保持了一贯性；各销售渠道是否有贯彻了公司方针的中长期或单年度销售计划；销售渠道是否创造了符合时代和行情状况的价值；销售渠道方的满意程度如何。具体参照表1-6-1。

表 1-6-1　销售渠道对策

对标指南	确认对象	确认内容和方法	详细确认项目 （检查、沟通、指导）
a. 各销售渠道方销售计划的有无	营销部门负责人、销售渠道（代理店）、营业所	确认营销方针和强化销售渠道对策的计划和业绩。听取。	□各销售渠道分别有自己的销售计划
b. 同营销方针的整合性	↑	↑	□各销售渠道的销售计划和营销方针一致
c. 销售渠道价值创造的措施	↑	↑	□销售渠道存在的定位和机能明确（和代理店的职能分工、细化机能和金融机能等）
d. 销售渠道方的满意度	↑	确认与渠道销售方座谈交流和收集反馈信息的记录资料。听取。	□已实施销售渠道对本公司满意程度的调查
			□对满足程度调查结果有及时反馈

②销售渠道管理

即便销售渠道与公司的方针能保持一致，企业也要对实际工作中的渗透程度进行重点管理。本项管理要点旨在确认：销售渠道和本公司的协作程度与一体化程度如何；来自本公司的培训和宣传等定期的、有计划的支援是否充分；是否定期进行信息共享、相互补充、完善分析；是否定期对销售渠道的经营状况进行评价、分析和推动改善。具体参照表1-6-2。

表1-6-2　销售渠道管理

对标指南	确认对象	确认内容和方法	详细确认项目 （检查、沟通、指导）
a. 对销售渠道内本公司和其他公司的比率及竞争信息的掌握	事业部负责人、营销部门负责人	确认市场数据。听取。	□掌握本公司产品在销售渠道内所占比例
			□掌握竞争对手公司采用的销售渠道开发措施（共同访问顾客、培训程序等）
b. 与销售渠道的协作体系和促销支援	↑	↑	□与销售渠道步调一致
			□与销售渠道的共同访问顾客活动形成体系
			□有促销援助（促销活动等）
			□对销售渠道的培训方针明确
			□有对销售渠道进行的商品和技术培训

（续表）

对标指南	确认对象	确认内容和方法	详细确认项目（检查、沟通、指导）
			□对销售渠道的商品和技术培训是体系化地进行的
c.对销售渠道的评价制度（包括经营内容评价）	↑	确认的评价项目。	□有渠道评价基准
			□有掌握渠道销售方经营状况的企业调查清单
			□各代理店有库存基准
			□有对渠道销售方库存基准进行维持或改善的规则

③掌握各个渠道的销售体制

销售渠道常常存在有具体情况和具体特点的个性化，因此企业需要对各个渠道的销售体制进行具体的掌握。

本项管理要点确认对各个不同的销售渠道的实际掌握状况：每个销售渠道实际的网点和人员配置如何，是否足以推行方针；销售一线的日常管理是否完备，结果是否让顾客满意；对销售渠道提高营销效率的支援体系是否完备等。具体参照表1-6-3。

表 1-6-3 掌握各个渠道的销售体制

对标指南	确认对象	确认内容和方法	详细确认项目（检查、沟通、指导）
a. 销售网点和人员的配置	事业部负责人、营销部门负责人、销售渠道	确认销售网点分布图（包括人员数、销售额等信息）。听取。	□掌握销售渠道的营销方针
			□销售渠道的营销方针与本公司的营销方针一致
		确认营销经验数据（人事数据）。听取。	□掌握销售渠道的销售网点、人员配置（新手与经验丰富人员的组合）
			□销售渠道的销售网点、人员配置足以推进营销方针
b. 运营方法	↑	↑	□掌握销售渠道的投诉、对应状况
			□掌握销售渠道的营销管理方式
			□销售渠道能够独自调查顾客满意度
			□有行动计划

07 销售物流

销售物流的目的，是以最小的成本把顾客需要的商品在指定时间内送到目标地点，满足客户需求。

对于出厂以后的物流，本项经管要素从交货期的遵守率、营销参与常规业务的程度、作业者的意识和实际作业方法、作业手册、辅助材料、运送卡车等方面进行全面的确认。

确认内容会涉及生产部门的业务内容。

★ "销售物流"包括以下管理要点：

①库存管理

②物流

③交货期管理

①库存管理

对于半成品库存和商品库存，必须有效组合应用相关机制和系统，努力使库存达到最佳状态。

此项管理要点需确认：适当库存量、适当订货点是如何确定的；库存系统是否得到了有效运用和管理；库存变化是否用计算机进行一元化管理并与生产销售联动；长期滞留品和库存差异如何；保管环境如何；在质量管理方面，作业手册（包括先入先出、定额管理等）是否充实；作业人员的意识及作业手册的遵守状况如何；可追溯性如何。具体参照表1-7-1。

表1-7-1　库存管理

对标指南	确认对象	确认内容和方法	详细确认项目 （检查、沟通、指导）
a. 适当库存量、适当订货点的掌握	仓库管理者	确认标准作业表、实际的接收作业、并向管理者。 听取。	□有关于库存管理的作业标准
			□能遵守作业标准
			□制定库存基准时，考虑到了商品特性和市场特性
			□每种产品的适当库存量都已明确
			□有关于长期滞留库存的管理基准
			□无长期滞留库存（长期的定义依照各公司自己的基准）

(续表)

对标指南	确认对象	确认内容和方法	详细确认项目 (检查、沟通、指导)
			□库存管理系统是难以成为死库存的、与产品特性相适应的系统，并考虑了季节变动
b. 批量、定位管理（目视管理）	↑	↑	□实行了定位管理 ·物品和信息一致 ·作业者清楚，便于取放的场所和放置方法 ·便于补货 ·便于分拣 ·便于先入先出
			□能切实进行批量管理
c. 保存环境的适宜性	↑	↑	□库存保管场所的环境适宜
d. 电子系统上的管理	↑	↑	□生产、销售、库存状况在电子系统上联动

②物流

　　通常人们只会注意产品成本，但从"总成本"的角度出发，必须关注物流成本。要有成本最小化的意识，同时在确保质量的前提下研究作业效率。

　　此项管理要点需要确认：是否根据顾客的需求配送；作业标准是否齐全；作业人员是否有高度的成本意识并遵守了标准；

是否定期进行作业人员在物流中降低成本的教育和培训；是否有公司整体的物流质量管理体系；低辅材、排气、噪声等对环境的负担的措施。具体参照表 1-7-2。

表 1-7-2　物流

对标指南	确认对象	确认内容和方法	详细确认项目 （检查、沟通、指导）
a. 物流周期时间的确保（物流能应对顾客的需求，如高频率少量配送）	仓库管理人员 物流管理部门负责人	确认物流时刻表和现场。 听取。	□有符合顾客需求的物流时刻表
			□按照时刻表配送
b. 成本最小化的选择基准（自营物流、委托物流、物流路线、物流中转、定期价格交涉等）	↑	↑	□物流成本的各项费用明确
			□有成本最小化选择基准（自营物流、委托物流、物流中转分配等方式）
			□和物流委托商进行了充分的沟通
			□实施了改善提案、定期的价格交涉和关于产品运输方法的指导和要求等

对标指南	确认对象	确认内容和方法	详细确认项目 （检查、沟通、指导）
c. 质量保证 （检 查、分货）	↑	↑	□有明确的作业标准
			□遵守了作业标准
			□有改善提案的制度
			□全公司质量保证体系中包括物流质量管理体系
d. 环境保护 （辅料、卡车运送等）的举措	↑	↑	□有在物流中减轻环境负担的计划

③交货期管理

交货期管理是制造厂商的责任和义务，是常态化的业务，在指定的交货期内交货是理所当然的。对确保交货期、延期交货、挽回、变更等日常业务，企业应确认管理机制是否精练、机能是否充分、是否让顾客满意、是否降低了对营销的依赖程度。具体参照表1-7-3。

表 1-7-3　交货期管理

对标指南	确认对象	确认内容和方法	详细确认项目 （检查、沟通、指导）
a. 交货期管理的机制	营销部门负责人	确认规则和机制。听取。	□有管理交货期的机制和规则
			□管理交货期的机制和规则已一元化
			□从工厂到顾客的交货期在顾客要求范围内
b. 应对顾客的交货期变更需求	↑	↑	□有把交货期变更和数量变更反馈给生产部门的机制和规则
c. 交货期遵守率	↑	确认交货期遵守率数据。	□与同行企业相比，交货期遵守率高
d. 营销部门进行交货期管理的时间、频度（※有交货期管理阻碍营业活动的情况）	↑	↑	□即便营销部门未询问，也能得到来自生产管理部门交货延期的事先通知
			□产生交货期延期时能够及时与顾客沟通

08 | 营销活动

着眼面向顾客活动的机制、过程、组织和效率，确认营销活动。

在此项经管要素中，高层人员营销、顾客访问的做法、信息提供和信息收集、交易行为和债权管理、售后服务及投诉应对等，是确认的重点。

★ "营销活动"包括以下管理要点：

①高层人员营销

②顾客访问

③营销的信息收集与活用

④交易行为与债权管理

⑤售后服务

⑥商品投诉应对

①高层人员营销

高层人员之间的交流不仅是礼节性的，而是有意图地、主动地定期进行，且高层人员的人脉牢靠的话，有利于大大扩展商机。

确认对高层人员做顾客访问的考虑和实际业绩，访问的结果是否扩大了商机。具体参照表1-8-1。

表1-8-1　高层人员营销

对标指南	确认对象	确认内容和方法	详细确认项目 （检查、沟通、指导）
高层人员有意图、有计划和适时的顾客访问	公司高层人员分管营销的高层人员、分管技术的高层人员	以听取的方式进行确认。	□对顾客高层实施有意图、有计划的访问
			□高层人员带着问题意识走访顾客方的高层
			□开创出新商机

②顾客访问

顾客访问难免偏向熟悉的领域和人脉，但必须是高效率的，上司和部下对营销的每个行动计划表充分沟通是基本原则。

此项管理要点需要确认：是否有行动计划；行动目的是否明确；与上司的沟通与磨合，是否以周为单位决定出双方的任

务和期限，是否讨论了偏重走访哪些有关部门的问题；同顾客
交流的话题是否新鲜、内容是否丰富；会话内容是否使顾客得
到了满足；对顾客需求是否按期充分地予以了应对等。具体参
照表1-8-2。

表1-8-2　顾客访问

对标指南	确认对象	确认内容和方法	详细确认项目 （检查、沟通、指导）
a. 实施有计划的高效率的顾客访问（基于同上司的磨合）	营销部门负责人、营销担当人员	确认营销日报、周计划表、访问准备情况。听取。	□有上司和担当人员共同的访问意图，对于目的、问题点有清晰的行动计划
b. 确保充分的面谈时间（面谈时间和差旅时间的比较）	↑	↑	□能够有组织地进行顾客访问的提案和有效实施
c. 访问的实施（客户或部门）	↑	↑	□已进行无偏向的走访活动
			□有评价访问效果的机制
d. 提供顾客要求的最新信息			□能够根据顾客的要求整理并按约定期限提供信息

③营销的信息收集与活用

营销信息的内容、速度、精确度，是决定公司综合实力和

方向性的重要因素。

因此，企业要确认是否掌握了可以作为信息源的关键顾客；是否有各层人际关系网；是否有顾客管理数据库并已共享和活用。具体参照表1-8-3。

表1-8-3　营销的信息收集与活用

对标指南	确认对象	确认内容和方法	详细确认项目 （检查、沟通、指导）
a. 关键顾客的设定和接触程度	营销担当人员、营销部门负责人员	什么样的信息、在什么时机、是如何获得和运用；确认行动计划书、顾客管理数据。听取。	□经常和顾客接触
			□致力于有组织地构建人际网络
b. 信息内容（什么样的）信息源（来自何处）信息的活用方法（怎样用）	↑	↑	□已明确必要信息
			□能及时获得必要信息
c. 提高收集信息的速度	↑	↑	□担当人员充分理解信息价值的重要性，做到迅速收集信息
d. 顾客管理数据（人际关系网络图、人员信息、面谈记录等）的应用状况（信息共享）	↑	抽样确认。	□有顾客数据
			□顾客数据经常更新
			□顾客数据已共享

④交易行为与债权管理

资金回收是营销的重要业务内容。本项管理要点确认从交易开始到日常债权管理、信息收集，直至资金回收的全过程。

此项管理要点需要确认以下重点：交易开始时是否进行了信用调查；交易合同内容是否是同有关部门充分协商后签定的，是否根据形势和环境变化进行了修改和更新；是否有记载了债权保全的具体事例和案例的危机管理手册；是否有每月应收款的管理并向上级汇报，是否无长期未收款的情况。具体参照表1-8-4。

表 1-8-4　交易行为与债权管理

对标指南	确认对象	确认内容和方法	详细确认项目 （检查、沟通、指导）
a. 基本交易合同及附带合同	营销部门负责人	确认合同书、公司内职务规定等。听取。	□有新交易开始时的决策规定
			□在新交易开始前，有向专业部门提出进行信用调查请求的机制
			□公司内的专业部门事先确认了基本交易合同书
			□有按照公司内专业部门确认的内容签订的最终合同书

对标指南	确认对象	确认内容和方法	详细确认项目 （检查、沟通、指导）
b. 合同更新的方法	↑	↑	□定期修改基本买卖合同书
			□修改的内容反映了经济环境
c. 债权管理信息	↑	确认债权管理手册和余额对照表。听取。	□有用于风险管理的债权管理手册
			□债权管理手册在发挥作用
d. 应收款管理	↑	↑	□有应收款管理的规则
			□针对应收款余额每个月进行内容分析
			□逐月处理应收款
			□长期未处理的应收款未超过3个月

⑤售后服务

营销活动并非在商品售出后就结束了，顾客满足感能否持续下去，还取决于公司售后的应对措施。

顾客会着重关注公司对商品是否有持续的售后服务，以及出现故障时公司的应对状况。公司应对方式不同，顾客回头率也随之变化。

此项管理要点需要确认：是否有负责售后服务的专门部门；其组织是否有公司的后援体制并充分发挥了作用；服务基准和应对手册是否健全；其组织内部的应对是否充分等。具体参照表1-8-5。

表1-8-5　售后服务

对标指南	确认对象	确认内容和方法	详细确认项目 （检查、沟通、指导）
a. 有无售后服务机能	营销部门负责人 售后服务部门负责人	确认售后服务的交货期遵守率。听取。	□有专门的售后服务部门
			□在人员的数量和质量方面都能满足高水平售后服务需要
b. 有无按产品种类制定的售后服务基准（包括5年保修问题）	↑	↑	□有售后服务的基准
			□有售后服务的应对手册
			□售后服务结果反馈到了责任部门
c. 售后服务应对情况	↑	↑	□服务零件立即交货率（2天内交货）或交货期遵守率高
			□对售后服务的评价，有统计和确认

⑥商品投诉应对

制造业企业必须时刻做好应对商品投诉的准备，健全迅速处理问题的机制。无论是公司内部投诉、顾客投诉还是市场投诉等，都是同样做到迅速应对。

确认营销部门的以下职责：是否存在应对投诉的机构；是否有关于投诉的危机管理手册；投诉事例是否有包括向高层人员报告的具体记载；是否定期进行模拟；是否能够在必要时建立具有优先权的项目队伍，采取措施，横向联系，按要求期限迅速实施投诉应对；访问客户和向顾客报告是否能够在顾客要求的期限内做到，包括必要时的高层人员访问。具体参照表1-8-6。

表1-8-6　商品投诉应对

对标指南	确认对象	确认内容和方法	详细确认项目（检查、沟通、指导）
a. 营销的职责	营销部门负责人质量保证部门负责人	确认投诉应对手册，投诉对策书。听取。	□营销部门能够迅速地向公司内部发送信息，并同相关部门协调

（续表）

对标指南	确认对象	确认内容和方法	详细确认项目 （检查、沟通、指导）
b. 有无投诉应对组织及指南手册	↑	↑	□有应对投诉的组织
			□有投诉发生时的应对操作指南手册（风险管理手册）
			□不断修订风险管理手册
			□能够按照风险管理手册实施
			□有检查是否按照手册应对客户投诉的机制
c. 迅速致歉和暂定对策、应急措施（调查具体的投诉原因之前的阶段）	↑	↑	□负责人能迅速访问顾客
			□能够根据手册迅速建立后援体系
			□顾客满意度调查中包括关于投诉应对的评价项目
d. 迅速查明原因、采取永久性对策及报告等	↑	↑	□质量保证部门、技术部门、生产部门、营销部门齐心协作，进行原因调查，迅速做出报告
			□原因清查的结果能够对永久性对策形成支持

09 | 销售业绩

对营销活动的实际业绩（销售额、利润、市场占有率等），要对照方针和计划进行确认。

此外，对变化点的迅速应对措施和及时分析能力，对结果的分析是否与下一步的营销活动形成关联并持续循环，也是需要确认的内容。

★"销售业绩"包括以下管理要点：

①销售业绩的月度分析
②销售的市场占有率

①月度分析

营销活动和企业活动的成果，要以销售额、利润、占有率等具体数字体现出来。

本项管理要点以这些数据为基础，对以下内容进行确认：

根据得出数据的不同地域、不同顾客、不同产品、不同项目、不同范畴、不同经费等，是否明确了管理项目和管理指标、评价基准；是否充分进行了与中长期计划和单年度计划的整合性和差异分析；从差异分析得出的成果与反思，是否落实到了下一期营销活动和行动计划里，并持续进行跟踪。具体参照表1-9-1。

表1-9-1　月度分析

对标指南	确认对象	确认内容和方法	详细确认项目 （检查、沟通、指导）
a. 有无管理项目（不同地域、用户）的评价基准（频度、完成率等），是否掌握了实际业绩	事业部负责人、营销部门负责人	确认期初的预算计划书（销售计划书）和业绩数据。 听取。	□业绩的管理项目内容与战略是联动的
			□有业绩的评价基准
b. 对计划和实际业绩的差异进行分析的实施状况	↑	↑	□定期对计划和业绩的差异进行分析
c. 基于差异分析的对策和下一步行动实施	↑	↑	□基于差异分析的对策落实到了行动计划中
			□行动计划在有组织地实施
			□已对行动计划的成果做出评价

②市场占有率

能对营销活动的结果做出定量评价的重要指标之一，是市场占有率。

本项管理要点着眼确认营销活动的结果对本公司地位的影响，以及与下一步活动如何连接。具体内容为：是否能从顾客、行业、部位、区域等多方面切入，分析市场占有率；是否以时间轴为基准对市场占有率数据连续进行了确认，结果与中长期计划和营销方针是否相符；分析结果是否对下一步的方针、方向和计划产生了影响。具体参照表1-9-2。

表1-9-2 市场占有率

对标指南	确认对象	确认内容和方法	详细确认项目 （检查、沟通、指导）
a. 数据基础（包括原始数据）的健全程度	事业部负责人、营销部门负责人	确认期初的预算计划书（销售计划书）和基本数据。提问。	□从顾客、行业、区域等多方面掌握市场占有率，精确度很高（包括正规机构的数据）
			□已按照基准修改数据库
b. 时间轴市场占有率数据	↑	↑	□按照时间轴掌握了市场占有率

对标指南	确认对象	确认内容和方法	详细确认项目 （检查、沟通、指导）
c. 与营销方针的吻合性	↑	↑	□市场占有率的结果符合营销方针
			□分析了原因
			□已把结果与下一期的营销方针结合起来

第 2 章

开　发

　　开发是制造业企业运行过程中极其重要的战略要素。企业的目标状态甚至可以直接说成就是开发的目标状态。企业在开发的过程中，必须明确企业高度和层面的战略。针对社会、市场、顾客的变化，必须拥有相应的工作机制、开发队伍和技术能力，必须重视速度与创造的相乘效果，重视并行工程（Concurrent Engineering，CE），开展和实施技术合作。

　　基于以上要求，企业应着眼把握 5~10 年后的社会和顾客市场动向，对"研究开发"、"商品策划"以及"商品开发设计"，从管理的角度进行排查和对标确认。另外，对于业务活动成功的关键且必要的诸要素——"方针管理""开发的体制""人才""知识产权和技术信息"等内容，也要一并确认。

　　从开发到生产的另外一个重要过程"生产准备"，将在下册"工艺技术"一章中进行确认。

● "开发"一章包括以下 7 项经管要素（参照图 2）：

1. 开发的方针管理

2. 开发体制

3. 开发的人才管理

4. 开发的知识产权与技术信息

5. 研究开发

6. 商品策划

7. 商品开发与设计

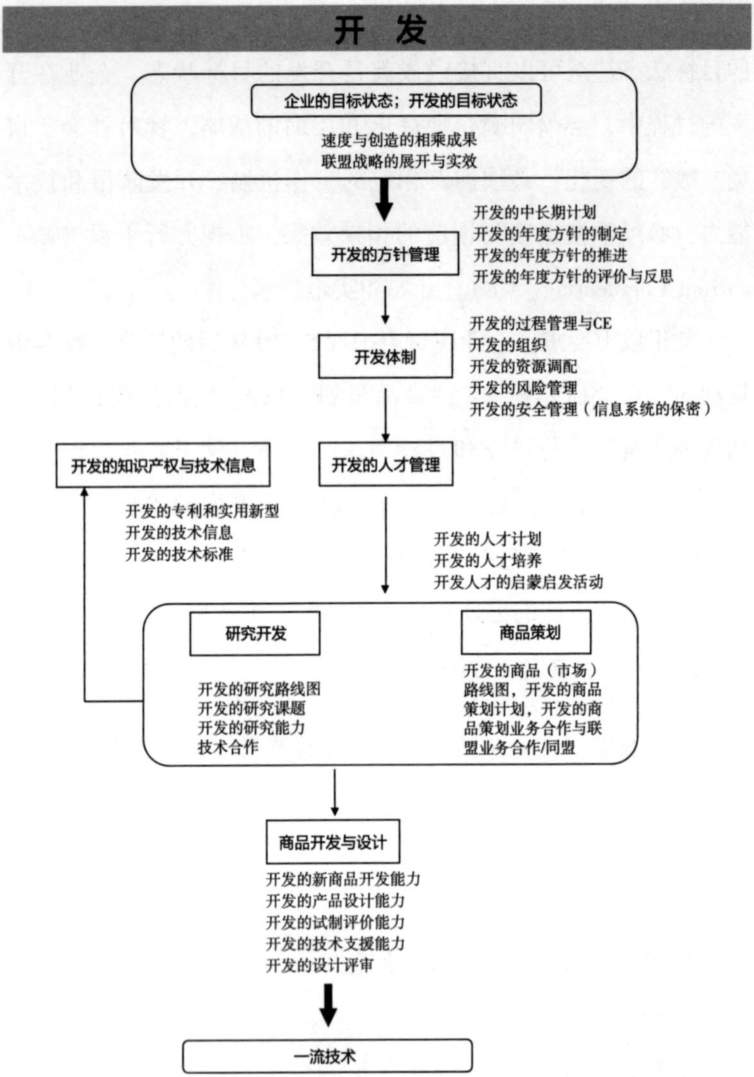

开 发

企业的目标状态；开发的目标状态

速度与创造的相乘成果
联盟战略的展开与实效

开发的方针管理

开发的中长期计划
开发的年度方针的制定
开发的年度方针的推进
开发的年度方针的评价与反思

开发体制

开发的过程管理与CE
开发的组织
开发的资源调配
开发的风险管理
开发的安全管理（信息系统的保密）

开发的知识产权与技术信息

开发的专利和实用新型
开发的技术信息
开发的技术标准

开发的人才管理

开发的人才计划
开发的人才培养
开发人才的启蒙启发活动

研究开发

开发的研究路线图
开发的研究课题
开发的研究能力
技术合作

商品策划

开发的商品（市场）
路线图，开发的商品
策划计划，开发的商
品策划业务合作与联
盟业务合作/同盟

商品开发与设计

开发的新商品开发能力
开发的产品设计能力
开发的试制评价能力
开发的技术支援能力
开发的设计评审

一流技术

图2 开发的经管要素一览

01 | 开发的方针管理

任何部门都要明确本部门的目标状态和愿景，并确定方针计划，有组织地推进。

开发部门的方针管理要着眼于三个要素项。第一，本部门的"目标状态"是否符合现实，是否符合今后市场和顾客的要求，是否符合顾客满意和员工满意的要求；第二，领导力要强劲，能够通过具体的"方针计划"将"目标状态"浸透到各层级人员；第三，关键是实现"方针计划"的实际管理的 PDCA 循环在有效发挥机能。

公司要对管理要点进行确认，紧紧围绕这三个要素项开展具体活动。

★"开发的方针管理"包括以下管理要点：

①开发的中长期计划

②开发的年度方针的制定

③开发的年度方针的推进

④开发的年度方针的评价与反思

① 开发的中长期计划

开发部门负责人必须基于公司经营规划、公司愿景和开发愿景，准确把握外部环境和内部环境的变化，制定 2~3 年内的开发方针，作为"中长期计划"向部下提出明确要求，并据此向下展开，聚合部门整体的力量，力图实现目标。

此项管理要点要对"中长期计划"的合理性及其实现目标的行动方法进行细化对标确认。具体参照表 2-1-1。

表 2-1-1　开发的中长期计划

对标指南	确认对象	确认内容和方法	详细确认项目 （检查、沟通、指导）
a. 有无方针； 与上层方针的融合程度	部门负责人以及负责制定中长期计划的管理人员	梳理公司愿景、中长期经营规划、商品开发愿景、商品开发中长期规划，确认其背景和具体程度。 听取。	□根据公司的中长期经营规划制定商品开发的远景，使其具有整合性
			□有中长期计划
			□根据公司愿景制定中长期计划，符合公司的中长期经营规划
			□部门负责人正确掌握现状，并将个人方针、目标编入部门方针、目标内

（续表）

对标指南	确认对象	确认内容和方法	详细确认项目 （检查、沟通、指导）
b. 外部环境把握	↑	↑	□切实把握经营环境、社会环境、外部环境等的变化
			□明确把握顾客要求和期望
			□把握业界内外的技术动向和先进技术，并加以借鉴
c. 明确实施课题	↑	↑	□课题是在充分考虑上述内外环境的基础上选定的
			□为了实现计划的战略性课题得以明确
			□技术开发项目具有创造性和革新性
			□与工艺、销售等相关部门的方针具有关联性，方向一致，具有整合性
			□努力实施业务改善
d. 明确目标及资源分配	↑	依据中长期计划，确认目标的实现手段是否具体并进行了重要程度分级。 听取。	□设定了一流的、独创性、革新性的目标
			□量化目标
			□明确了实现目标的推进方向，明确了技术能力、人才和预算
e. 定期修订计划	↑	依据中长期计划，确认实绩内容以及如何进行管理。 听取。	□明确记录计划未完成的原因和课题
			□根据环境变化每年修改一次计划

②开发的年度方针的制定

基于上年度实际业绩和环境变化，同时为实现中长期规划和公司年度方针，开发部门的负责人和主管开发的公司领导必须明确本部门的努力方向和具体目标，并据此制定部门的年度方针。此外，在年度方针中对于商品开发的技术水平定位也是非常重要的。同样重要的还有确保实现该计划的组织机制和资源，并将方针落实到每一个人。

开发部门一方面要对制定这些方针的要点进行确认，另一方面也要对如何将目标分解到每个人等内容进行确认。具体参照表2-1-2。

表2-1-2　开发的年度方针的制定

对标指南	确认对象	确认内容和方法	详细确认项目 （检查、沟通、指导）
a. 有无年度方针；是否融入了上层的方针	部门负责人（负责制定年度计划者），开发主管人员	检查确认年度计划、中长期计划、公司方针和部门方针。听取。	□有年度方针
			□部门领导正确把握现状，并将自己的思路融入方针目标中
			□形成能反映部门中长期方针和公司方针的计划

对标指南	确认对象	确认内容和方法	详细确认项目 （检查、沟通、指导）
b. 目标及实施课题	↑	检查确认如何将上期计划完成情况反映到本期计划。 听取。	□年度方针能够对应环境变化
			□在反思上年度的基础上制定本年度方针
			□方针包括以下内容：①商品竞争力；②质量、客户满意度；③成本；④安全、环境；⑤人才；⑥交货期（过程周期时间）
			□以重点推进的思路，确定实施课题
			□技术开发项目具有创新性
			□与技术、生产等相关部门在方针内容上相关联，方向一致，具有整合性
			□有完善的计划修订机制
c. 明确目标，分配资源	↑	检查确认计划目标、日程、负责人等。 听取。	□明确的量化年度目标
			□年度方针与资源配置具有强关联度
d. 方针的贯彻	↑	确认如何将部门负责人确定的目标分解成每个人具体的计划。	□方针内容对于员工而言浅显易懂
			□方针内容渗透到第一线

③开发的年度方针的推进

为达成部门目标，部门全体人员必须理解部门方针，并朝同一方向通力协作开展业务，还必须取得其他部门的配合，制定本部门的具体推进计划，并将这些活动计划分解为各科室的课题和目标，加以展开。

确认的要点是：为了高效地实现方针中的各项目标，包括相关部门在内应当架构何种体制，是否进行职责分工开展工作，推进计划的具体程度以及向下分解的状况等。具体参照表2-1-3。

表2-1-3 开发的年度方针的推进

对标指南	确认对象	确认内容和方法	详细确认项目（检查、沟通、指导）
a. 推进体制	部门负责人	对比组织体制一览表和年度方针进行确认。听取。	□具备开展部门方针和目标的组织、体制。
			□推进体制有助于实现方针和目标
			□推进体制责任人、主管部门、会议机构等的作用、职能、责任、授权事项等明确具体
			□根据情况变化改进推进体制，使之完善
b. 与相关部门间的分工	↑	检查确认推进计划和职能职责表。听取。	□相关部门之间的职责分工明确

对标指南	确认对象	确认内容和方法	详细确认项目 （检查、沟通、指导）
c. 推进计划	↑	根据推进计划表，检查确认目标完成手段的具体程度。	□有具体的推进计划
			□实施项目按照 5W1H 的思路编写，具体程度达到能对项目进度进行检查、跟踪
			□部门全体员工对推进计划达成共识
			□从组织机制上保证完成目标的手段、手法稳定，且水平逐年上升
d. 向各个阶层员工展开	部门负责人和制定年度计划的职责部门	确认部门、科室及个人计划。听取。	□部门计划被分解到部门、科室、个人，项目内容具有一致性和整合性
			□部门、科室及个人工作内容明确具体

④开发的年度方针的评价与反思

在实施年初制定的公司及各部门计划的过程中，要时常跟进目标的实现状况并进行费用与效果的对比，并根据实际需要，迅速采取措施加以处理。同时还要让改善效果切实地反馈在业务活动中。

确认的内容如下：方针的进度把握和跟踪是如何进行的；如何应对计划延迟或者未实现的项目；对实施结果的反省；是

否在今后的计划中有所反映等。具体参照表2-1-4。

表2-1-4　开发的年度方针的评价与反思

对标指南	确认对象	确认内容和方法	详细确认项目 （检查、沟通、指导）
a. 把握推进进度并跟踪	部门负责人	看业绩表，确认如何掌握业绩，并提问。	□部门负责人定期进行进度管理（至少每月1次）
			□设法使每个人都明白活动的状况
			□有明确的进度确认方法（何人、何事、何种程度）
			□部门负责人能够正确把握相对于推进计划的目标达成状况
			□对费用与效果的对比进行了评价
b. 未达成目标时应采取的措施	部门负责人	确认业绩表。听取。	□目标未完成时，有应对方案并实施
c. 改善项目的固定化	↑	确认规定、手册和作业标准等。听取。	□已改善的项目在规定、手册、作业标准上得到了反映

02 | 开发体制

开发部门的体制不仅影响到商品的优劣，还是左右企业未来的重要因素。开发的组织必须十分灵活，并在全公司层面发挥作用，以这样的组织来切实实现顾客的需求，并迅速过渡到量产。

为了现在和将来的生存发展，必须组织化地导入 CE（并行工程）。为了真正发挥 CE 的作用，本项经管要素对以下内容进行确认：是否确立了灵活精练的组织体制；资源、风险管理、安全管理等各处于何种状态；是否在推进改善等。

★ "开发体制"包括以下管理要点：

①开发的过程管理与 CE

②开发的组织

③开发的资源调配

④开发的风险管理

⑤开发的安全管理（信息系统的保密）

①开发的过程管理与 CE

为了有效推进开发工作，要形成以"缩短开发周期"为目标的开发步骤。要在开发的计划阶段就导入 CE 活动，作为其后工序的生产准备部门、生产部门等如何进行配合，是这个阶段的要点。

本项管理要点确认这方面的组织机制是否发挥作用，通过检查作为其成果的开发阶段的试制次数和试制台数的减少量来确认开发能力。具体参照表 2-2-1。

表 2-2-1　开发的过程管理与 CE

对标指南	确认对象	确认内容和方法	详细确认项目 （检查、沟通、指导）
a. 开发的过程管理	开发部门负责人、开发部门主管	确认各开发课题计划书、开发计划书事例。听取。	□有完备的开发进度管理机制，各个开发团队都能充分运用该机制（开发计划细分到能够对进度进行检查和跟踪的程度）
			□有检查开发步骤的判断基准，员工能够遵守
			□为缩短开发周期，进行了机制改善

（续表）

对标指南	确认对象	确认内容和方法	详细确认项目 （检查、沟通、指导）
	↑	检查确认商品开发计划书、开发管理规程等公司内部规程类文件，以及正在实施中的开发课题的相关资料。 听取。	□规定技术开发步骤的公司内部规程包含下列内容 ·开发课题的选定标准 ·各类型会议的开会时间、参加人员、主持人、审议内容 ·开发步骤过渡许可的决定标准 ·开发流程与责任部门 ·预算
b. CE活动的部门与活动期间	↑	检查确认商品开发课题一览表和DR（设计审查）纪要及相关技术资料。 听取。	□各开发课题的生产、质量保证、销售等相关部门的职能职责明确
			□开发由各个部门共同参与（从开发阶段初期开始），并由具备一定知识的成员具体实施
			□从商品计划到进入量产，每个阶段相关部门针对哪些课题、采取了什么样的推进方式、达成了什么样的目标等，完整制定了CE活动计划，在相关部门之间得到认可

对标指南	确认对象	确认内容和方法	详细确认项目 （检查、沟通、指导）
		检查确认最近实施的 CE 活动计划表。提问。（确认 CE 活动计划，各个步骤是否同步活动，该活动是否合适等，听取说明）	□对公司及其他公司的技术调查、分析、研究以及特征的把握方面，始终保有最新的信息，并随时可查（以下是代表性事例） ·市场动向 ·竞争对手商品分析（规格、价格）信息 ·竞争对手零部件制造过程分析信息 ·不同行业最新零部件制造过程分析信息 ·本公司成本信息 ·本公司质量信息 ·最新公开或申请的专利信息 ·本公司开发中的生产要素技术信息 ·市场、客户索赔的分析信息 ·最新试制技术信息（本公司及其他公司） ·市场、客户投诉的分析信息
c. CE 成果	↑	确认近两年开发日程计划与实际业绩相关资料。 听取。	□按计划如期缩短了从计划到量产的研发周期 □按照计划减少了试制次数和试制个数，试制成本也得到降低 □按计划减少了开发设计的修订次数，并按顾客要求的交货期交付

（续表）

对标指南	确认对象	确认内容和方法	详细确认项目 （检查、沟通、指导）
d. 活动推进方法的修订完善	↑	↑	□在开发各步骤的每个关键衔接点对推进方法进行反思，并在后面其他项目的推进中加以体现

▎②开发的组织

　　明确开发部门明确的使命和任务，明确开发体制有组织地发挥作用的责任和权限（包括权力下放），这两点非常重要。外部和内部环境的不断变化，要求企业必须实现灵活、迅速的开发。

　　本项管理要点确认责任和权限是否明确，同时还要看组织体制是否在商品开发上具有灵活性，组织架构是否扁平化、精干化，能否成为快速应对外部环境的变化的组织机制。具体参照表 2-2-2。

表 2-2-2　开发的组织

对标指南	确认对象	确认内容和方法	详细确认项目 （检查、沟通、指导）
a. 职能职责与权限的明确化	开发部门负责人、开发主管人员、一般员工	检查确认议案批准流程和业务分担，以及责任与权限范围。听取。	□明确规定开发部门的使命与职能分工、责任、权限（权限下放）的业务分担或决策流程
			□按业务职责分工的要求执行业务
			□大范围向现场下放权限，紧急情况下能够迅速进行决策
b. 在实施商品开发业务时的灵活性	开发部门负责人、开发主管人员	根据项目组、特别任务小组等计划和确定内容，检查确认部门之间的课题、合作方法及对业务负荷的对应状况。听取。	□具备根据外部和内部环境变化进行组织构建的机制
			□开发课题时根据需要成立项目组和特别任务组
			□实施项目过程中，相关部门之间定期交换信息
			□建立了根据业务负担状况设立同等功能小组进行协作的机制，并加以适当应用

（续表）

对标指南	确认对象	确认内容和方法	详细确认项目 （检查、沟通、指导）
c. 决策及其传达的高速化（组织的精干程度）	↑	根据组织图、信息传递流程图，确认信息、要求、结果等的传递速度。听取。	□组织机制扁平化，决策及时。例如，针对提案能够立刻判断是否采用并展开课题进行实施
			□上级领导的方针思想能够迅速传达到相关部门及这些部门的基层人员，并得到基层的充分理解
			□由于相关信息通过电脑网络实现了共享，每个个案都能收集到丰富的意见。能够对个案做出迅速决断

③开发的资源调配

对于为开发所配备的人力、物力、财力，要从开发业务整体的角度考虑，把握重点、进行分配，并获取最大效果。更为重要的是，要将这些资源高效灵活地运用起来。另外，还要将公司内外的大量信息实时传递给每一个人。为此，要充分发挥IT 的作用。

为了有效利用上述内容，需要对以下要点进行确认。具体参照表 2-2-3。

表 2-2-3 开发的资源调配

对标指南	确认对象	确认内容和方法	详细确认项目 （检查、沟通、指导）
a. 人	开发部门负责人、开发主管人员	根据人才需求计划与现状组织表等检查确认是否可以实现对技能和人员数量的对应。听取。	□有完整的人才配置图，在充分考虑课题内容及其优先顺序的基础上配置人员
			□计划书列出的人才不足的部分，通过雇用合同工或外包来解决
b. 设备	↑	根据设备计划与现有固定资产台账检查确认是否可以实现对设备充足程度的对应。听取。	□确定开发课题所需实验设备和开发设备并灵活利用，以提高使用效率
			□在实施开发计划的过程中，本部门如出现设备不足的情况，可以借用其他部门的设备或改造现有设备
c. 开发预算	↑	根据预算计划和预算书或费用实际发生表，确认是否可以对应费用充足程度。听取。	□分配开发预算时考虑了投入产出比
			□在考虑开发整体状况的基础上，把握重点，分配预算
d. 完善信息基础设施并充分利用	↑	根据改善计划书确认信息系统的共享状况和利用状况。听取。	□搭建了技术信息网络，相关人员能够利用
			□明确规定了信息及网络的管理人员
			□为提高信息的利用效率，有计划地实施 IT 工具升级

④开发的风险管理

风险管理关系到企业的生死存亡。

本项管理要点对以下内容进行确认：制定开发计划书的阶段是否明确风险在何处（例如：开发延迟、产品的安全性、专利冲突、违法等）；针对风险是否建立了相应的规章制度；是否将风险防范措施等落实到行动计划书中等。具体参照表 2-2-4。

表 2-2-4　开发的风险管理

对标指南	确认对象	确认内容和方法	详细确认项目 （检查、沟通、指导）
a. 风险管理规定、手册的健全、改善	开发部门负责人、开发主管人员	检查确认风险管理规定及手册。 听取。	□开发部门制定并完善了风险管理方面的规定手册，并和公司的相关制度保持一致和联动
b. 风险定义与风险列表	↑	检查确认风险管理规定及指南。 听取。	□明确开发部门的风险定义。示例：开发速度、预算控制、市场、顾客要求变化、商品安全性、专利冲突、违反相关法规
			□有明确的风险判断标准

对标指南	确认对象	确认内容和方法	详细确认项目 （检查、沟通、指导）
c. 风险防范	↑	检查确认开发计划书、开发会议纪要等文件中有关风险的记录。 听取。	□针对列表中各项风险的防范措施，在进入量产阶段时排除
			□积极收集、分析、利用各种风险信息
			□对所有开发人员进行风险教育培训，并确认其相关知识水平
d. 风险发生时的应对	↑	检查确认有关风险管理规定、指南和报告。 听取。	□有明确的风险应对措施
e. 定期审查跟踪	开发部门负责人	↑	□定期审查（每年两次以上），并改善风险管理方法

⑤开发的安全管理（信息系统保密）

商品开发信息保密工作的重要性不言而喻。"安全"属于"风险管理"中格外重要的环节，因此要另外单独确认。

本项管理要点确认的内容有：在信息化不断加快的进程中，是否明确制定了公司的保密制度；是否对机密下了定义；是否构建了相应的组织机制；是否对组织机制的维持和规章制度的遵守状况进行监察；是否对管理方法进行了必要的改进。具体参照表2-2-5。

表 2-2-5　开发的安全管理

对标指南	确认对象	确认内容和方法	详细确认项目（检查、沟通、指导）
a. 安全（保密）管理规定、手册的健全和改善	开发部门负责人、开发主管人员	检查确认保密内容的确定程序、要领等公司内部规章制度。听取。	□开发部门在信息系统方面制定了防止泄密的安全管理规章制度和手册，并和公司的相关制度相一致，形成联动，不断完善
b. 安全（保密）的定义和项目清单	↑	检查确认安全管理的相关规章制度、手册。听取。	□有明确的安全保密的定义（列清单）
c. 安全保密管理组织机制	信息计划部门负责人	检查确认信息化推进计划、安全保密管理的相关规定。听取。	□已健全公司内部信息泄露的预防机制
			□已健全网络实时监视体制
			□已设置电子数据保护设备（设置防火墙等）
d. 安全保密管理技术	↑	检查确认安全保密管理相关规定、手册、报告书等。听取。	□针对所列保密管理项目进行评价，并采取机密泄露预防措施
			□积极收集、分析、利用有关安全保密方面的信息
			□组织全公司员工进行安全保密教育，考查其相关知识水平

对标指南	确认对象	确认内容和方法	详细确认项目 （检查、沟通、指导）
e. 发生泄密时的对策	↑	检查确认有安全保密管理相关规定、报告。听取。	□明确规定泄密及数据损毁的应对方法
f. 进行定期检查及修订管理办法	开发部门负责人	检查确认安全保密管理相关规定、报告。听取。	□定期检查并修订安全保密管理办法（每年两次以上） □对有关信息体系运行的安全措施随时进行版本更新

03 | 开发的人才管理

"企业即人"，尤其是开发部门的人才培养、能力开发、人员利用，不仅直接关系到产品制造的优劣，还决定着企业的未来。同时，人才培养也密切关系到每个成员的福祉。

本着"尊重人和培养人"的精神，本项管理要素对于公司在现在和未来的竞争中胜出所必需的人才保障机制和培养机制，进行确认。

★ "开发的人才管理"包括以下管理要点：

①开发的人才计划

②开发的人才培养

③开发人才的启蒙启发活动

①开发的人才计划

为了按计划达成开发目标，须对实施策略方针所需的技术能力加以明确，并且需要与之相符的人才，因此必须随时把握本部门成员的技术能力和人才的状况。如果本部门内的人才技术能力与所必要的人才差距过大，还有必要适时适当地采用外部人才。

确认的内容有：企业是否明确面向未来的发展中需要何种人才；是否有计划地进行录用。具体参照表2-3-1。

表2-3-1　开发的人才计划

对标指南	确认对象	确认内容和方法	详细确认项目 （检查、沟通、指导）
a. 对人才的把握	开发部门负责人	检查确认人才配置图、个人技能水平图、本公司和公司技术优、劣势分析结果等。 听取。	□有个人技能资格一览表
			□有人才配置图，每个人的技能、每个部门的人才技术状况都十分明确
			□对本公司在人才方面的优、劣势有准确的分析报告
b. 人才方面的中长期目标	开发部门负责人	确认开发远景、开发的中长期规划、人才计划等。 听取。	□对实施中长期计划所需技术有明确的描述
			□通过市场分析所确定的具有竞争优势的人才和技术，都非常明确

（续表）

对标指南	确认对象	确认内容和方法	详细确认项目 （检查、沟通、指导）
			□明确现有人才和目标人才之间的差距（人才配置图中，中长期的技术项目方面、主要人员方面的课题都非常明确）
c. 有计划的调配（外聘或内部提拔）	开发部门负责人	检查确认新毕业生招聘计划、内部提拔计划的内容、内部调配方针。听取。	□针对各组人才需求，考虑劳务费用比率和风险，制定人才录用计划
			□掌握各大学和研究机构的研究课题，确定要点，制定新毕业生录用计划
			□有计划地实施外招和合同工招聘工作
			□根据公司人才配置图，积极提拔录用内部人员

②开发的人才培养

以个人发展为中心的个别培养计划和以部门内部技术能力提升为目的的部门培养计划必须同时存在。在人才培养方面，准确的人才评价和以达成目标技能为目的的教育机制（教育大纲、教材、教师、设备等）必不可少。

确认内容有：技能的评价内容与方法、运行中的教育机制、为了提升技能所采取的方法，还包括是否形成了有计划地促进技能传承的组织机制。具体参照表2-3-2。

表2-3-2　开发的人才培养

对标指南	确认对象	确认内容和方法	详细确认项目（检查、沟通、指导）
a. 技能管理水平	开发部门负责人	随意抽出个人技能表、所获资格一览表和技能水平表向个人进行确认。听取。	□定期评价个人技术并公示
			□可检索具备指定资格的人员
b. 培养计划	↑	检查确认人才培养计划、人事轮岗计划表等。听取。	□制定了涵盖现在到将来（3~5 年）的个人技术教育计划
			□为了激发组织活力并将本部门的技术在其他部门灵活运用，有计划地进行轮岗
c. 教育计划	↑	检查确认培训课程、教材、师资、培训设施、培训时间及参加人数等。听取。	□针对不同层次的员工，有计划地实施教育计划
			□不断完善培训工具（教材等）、培训设施设备，并进行维护
d. 技能评价	↑	检查确认评价方法（面谈表、人事考评表等）和评价结果的反映方法、实际执行状况。听取。	□培训完成后定期跟踪，并做好资格评价记录
			□具有将资格评价结果反映到人事考评中，以及允许评价者提出调往可以发挥自己技能的部门的组织机制
			□人事考评项目包含技能资格

对标指南	确认对象	确认内容和方法	详细确认项目 （检查、沟通、指导）
e. 技能传承	↑	检查确认技能、机制、成果传承方法、实绩。听取。	□有参加国际技能大赛的经历或计划参加
			□有完善的技能传承设施和计划

③开发人才的启蒙启发活动

部门组织的"启蒙启发活动"在提高个人和小组的活力方面十分有效。

确认的内容主要有：是否积极计划了关于启蒙启发活动的各种措施；活动内容、水平、信息交换、表彰会和发布会等，是否非常有活力。具体参照表2-3-3。

表2-3-3　开发人才的启蒙启发活动

对标指南	确认对象	确认内容和方法	详细确认项目 （检查、沟通、指导）
a. 小团队活动	开发部门负责人	检查确认小组活动计划及活动实际状况。听取。	□在组织内部存在课题小组或小团队，定期举行活动
			□有积极吸收创意提案的机制
			□收集外部的小团队活动信息，并要求提交活动自传

对标指南	确认对象	确认内容和方法	详细确认项目 （检查、沟通、指导）
b. 表彰制度	↑	检查确认个人、小组表彰标准及实际表彰成果。 听取。	□对公司内外活动实绩进行定期表彰
			□有来自顾客的连续不断的表扬，以及受到产学官、世界性学会表彰的业绩
c. 研讨会发布会	↑	检查确认部门领导的目标如何得以分解，以及各自的计划。	□无论是同行业还是不同行业的世界性研讨会、发表会，都有计划地参加
			□对参加研讨会和发表会的实际状况记录（参加人员、内容等）进行管理
d. 不同行业间交流	↑	检查确认有否参与不同行业的交流活动。 听取。	□经常研究其他行业，并与其他行业进行充分交流

04 | 开发的知识财产与技术信息

仅仅依靠技术和创新是无法赢得市场的。基于企业战略的开发计划，要有明晰的开发方针和目标，要有能够根据市场等的变化信息迅速反应的灵敏机制，并且将状况有形化、可视化。

本项经管要素确认知识财产、技术信息数据库、技术标准化资料等是否得到正确管理和充分利用。

★ "开发的知识财产与技术信息" 包括以下管理要点：

①开发的专利和实用新型
②开发的技术信息
③开发的技术标准

①开发的专利和实用新型

企业独创的研发成果以专利或实用新型的形式公之于众之

后，方能形成竞争优势，因此需要有强劲的专利战略。

此项管理要点确认的内容有：是否确立了和开发计划相一致的专利战略；在创新方面是否申请了可以判定为行业第一的数项专利；申请专利的相关收支是否为盈利。具体参照表2-4-1。

表2-4-1　开发的专利和实用新型

对标指南	确认对象	确认内容和方法	详细确认项目 （检查、沟通、指导）
a. 专利战略	开发部门负责人、开发主管人员	根据专利战略、竞争对手的专利、商品和零部件调查分析报告、专利申请计划书、开发课题报告等资料，检查确认最新专利分析状况。听取。	□明确定义哪些是重点关注技术
			□专利方面，制定了包括竞争对手、应当关注的技术、商品和零部件评价、专利收支评价等在内的综合性战略和计划
			□相关部门全面了解并彻底贯彻专利战略
			□在重点关注技术方面，对竞争对手的最新技术专利进行定期分析
			□购买竞争对手的最新商品并进行解体，不仅对商品自身进行评价分析，还要对构成零部件的制造过程进行解析，计划和开发出超越竞争对手的商品并申请专利

对标指南	确认对象	确认内容和方法	详细确认项目 （检查、沟通、指导）
			□建立这样一种机制，即对竞争对手的专利进行处置和判断，对本公司专利判断是否进行关联专利的申请、提供、保护
			□开发技术人员设立专利、实用新技术方案的目标（或者依据部门目标）并进行专利申请
b. 专利申请的成果（投资和利润）	↑	根据专利一览表和收支管理表检查确认专利对公司的贡献度等。听取。	□对专利收支进行管理，有盈利
			□已获取的基本专利，含相关专利，对扩大公司营销额和市场份额做出了贡献

②开发的技术信息

高度集成和复杂化的技术信息，从旧有技术到 IT 技术衍生的新技术浩如烟海。为了充分利用这些信息，企业需要建立通用的数据平台，并随时更新信息。开发部门全体人员如果不能有效利用这个数据平台，就无法发挥在开发上的综合实力。

本项管理要点通过检查数据库的组织架构和资料，对技术信息整理和体系化的水平及其利用状况进行确认。具体参照表 2-4-2。

表 2-4-2　开发的技术信息

对标指南	确认对象	确认内容和方法	详细确认项目 （检查、沟通、指导）
a. 信息的体系化	开发部门负责人、开发主管人员	检查确认公司内外技术信息体系图，进行提问（查看数据库和数据分类，近几年的更新和修订记录，是否便于使用等）。	□已明确规定信息管理责任部门
			□所需技术信息明确具体
			□对公司内外的开发计划文件、技术文件、图纸、实验报告、质量信息、事故报告等技术信息进行数据化管理
			□系统化整理信息，查询所需信息简便易行
			□已建立新技术信息维护的机制
			□定期对信息（2~3年一次）进行整体维护
b. 信息利用	开发部门负责人、开发主管人员、各层级的技术员	在各工作现场看应用记录；观察、确认工作推进方法。听取。	□针对技术信息，建立了特定人员可以查阅必要信息的机制
			□对每项技术信息都指定了可供阅览的信息
			□对信息应用状况进行管理，具备应用状况改善的机制

③开发的技术标准

技术进步日新月异。对于从公司内外搜集到的信息，要进行体系化的整理，制定一定的技术标准，无论何时、何人都能够高效地运用它，这是能够迅速对应变化的根基。

确认内容有：是否依据积累的技术信息将标准类文件进行系统化，并作为技术信息加以完善，组织内部全体成员能够随时自主地灵活运用这些已标准化的资料。具体参照表2-4-3。

表2-4-3　开发的技术标准

对标指南	确认对象	确认内容和方法	详细确认项目（检查、沟通、指导）
a. 完善标准类文件	开发部门负责人开发主管人员	根据技术标准体系图、修改记录，检查确认近几年的信息的更新、修改情况，以及目前状态是否便于使用。听取。	□有管理技术标准的机制，已明确负责管理的部门
			□有技术标准体系图，且制定了有关变更的规定
			□每种技术有明确且标准的需求部门
			□在每次进行技术改良时，包括其他相关技术标准在内，始终保持最新版本或设立了新的标准
			□按照相应的机制，定期修订和确认技术标准（至少每两年一次）。
b. 标准类的有效利用	开发部门负责人5名开发主管人员，5名以上成员	检查确认部门负责人所定目标的分担状况和每个人的计划。听取。	□可在指定部门阅览查询最新版的技术标准（依据使用规则加以灵活运用）
			□开发负责人有效利用技术标准（100%的开发主管和80%以上的成员）

05 | 研究开发

不仅着眼于眼前的收益，更要面向未来向社会提供环保、安全的商品，这是制造业企业的宗旨，也是企业持续生存发展的大前提。

本项经管要素从未来 3~5 年，甚至是 10 年的角度，着眼于研究开发工作的过程内容，确认企业将来生存并持续对社会做贡献的能力。

★ "研究开发" 包括以下管理要点：

① 开发的研究路线图
② 开发的研究课题设定
③ 开发的研究能力
④ 开发的技术合作

①开发的研究路线图

企业要生存下去并持续为社会做出贡献，其研发部门就不能陷入自我满足的状态，要从创造有益于下一代的技术出发，不仅对技术，还要对社会、顾客和市场进行明确的展望。

开发的研究路线图，是每个员工实现自己未来梦想的通道。

本项管理要点依据实际资料，确认部门的研究内容在社会中所占据的位置，以及是否对将来抱有明确的意图和展望。具体参照表 2-5-1。

表 2-5-1 开发的研究路线图

对标指南	确认对象	确认内容和方法	详细确认项目 （检查、沟通、指导）
a. 对社会发展趋势把握的精度	研发部门负责人及数名研发负责人	检查确认研发路线图。 听取。	□有包括未来 3 年以上的社会、顾客、市场和本公司的发展趋势路线图
			□有对未来 3 年以上的社会、顾客、市场及对本公司发展趋势每年分析 2 次以上的机制
			□结合上述内容修订完善研发路线图

对标指南	确认对象	确认内容和方法	详细确认项目 （检查、沟通、指导）
b. 路线图的现实性	↑	↑	□针对社会、顾客、市场动向，就本公司技术方面（定位等）进行了研究（有记录）
			□针对社会、顾客、市场的动向，进行本公司技术方面的研究时，有开发、工艺、制造和销售部门等部门参加
			□具备对社会、顾客、市场的动向和本公司技术的相互关系进行解析的手段

②开发的研究课题设定

即使有明确具体的路线图，但如果路线偏离了进入课题的入口，就不会有结果。

路线图必须依据中长期计划和年度计划，分解到具体的研究课题或项目，使整个研发活动协调开展。

此项管理要点要求根据实际资料，就开发课题计划及路线图与年度计划的整合性进行确认。具体参照表2-5-2。

表 2-5-2　开发的研究课题设定

对标指南	确认对象	确认内容和方法	详细确认项目 （检查、沟通、指导）
a. 研究课题内容	研发部门领导及数名研究负责人	检查确认各研究课题的计划书。 听取。	□以路线图为基础制定了研究课题的整体计划
			□各研究课题均有计划书
			□计划书的内容与部门的中长期计划以及年度计划内容无冲突
b. 研究课题的管理	↑	↑	□每年至少 1 次，修订或废止研究课题
			□结合路线图的修订，修改计划书
			□进行计划书的修订时，与设计、工艺、制造和营销等各部门进行了协商

③开发的研究能力

研发成功与否的关键，最终在于技术力量。在研发部门里，必须具有将梦想转换为现实的先端技术能力。此外，将研究成果加以实现的时机也很重要。顺应时代要求，率先拿出成果，才能将梦想变成现实。

本项管理要点基于研究课题，以实际业绩为中心，确认开发能力中是否具有绝对领先的技术。具体参照表 2-5-3。

表 2-5-3　开发的研究能力

对标指南	确认对象	确认内容和方法	详细确认项目 （检查、沟通、指导）
a. 研究速度与实施（通过指标）的管理	多个研究课题的各自负责人	检查确认研发路线图、计划书及其业绩资料。听取。	□已掌握社会动向所要求的研究周期
			□评估当前与研发目标之间的差距
			□在缩短研究周期方面有绩效考核指标
			□对于各开发课题，都有具体的量化指标进行评估
b. 技术水平	↑	检查确认开发路线图、计划书、发表论文和专利资料。听取。	□在该研究领域，与其他企业及研究机构相比，掌握了具有优势的技术
			□在该研究领域，拥有绝对领先的研发绩效
			□通过专利和论文等可客观判断：在该研究领域处于最高水平
			□在该研究领域，已获核心技术专利

④开发的技术合作

虽然要求研发部门具备将梦想转化为现实的先进技术能力，但是完全拥有这些关键技术的企业非常少见。在当今社会，企业要想在最佳时机拿出研究成果并将其转化为企业效益，必须考虑和第三方进行技术合作，或结成广泛联盟。

通过盘点合作的内容确认是否明确把握了本公司的优势和劣势，以及是否进行了成效显著的合作。具体参照表2-5-4。

表2-5-4 开发的技术合作

对标指南	确认对象	确认内容和方法	详细确认项目 （检查、沟通、指导）
a. 合作的目标	研究开发部门领导。数名研究项目的各自负责人	检查确认计划书、路线图及合同书等。 听取。	□对本公司在技术上的优、劣势进行量化
			□有进行典范借鉴的实际结果
			□合作内容体现了双赢关系
			□有技术合作附带的对等关系的合同
b. 合作效果	开发部门领导	↑	□有评价合作效果的报告
			□合作效果在计划书和路线图中有具体的反映

06 | 商品策划

只要产品好就能卖出去的时代已经一去不复返。要想获得利润，就必须制定有效的商品和市场战略。公司要对社会、顾客和市场需求进行精确分析，制定在形成商品过程中各环节制胜的战略、路线图、联盟和计划。

本项经管要素针对近期对公司收益做出贡献的商品开发，以计划立案的过程为中心，进行对标确认。

★ "商品策划" 包括如下管理要点：

① 开发的商品（市场）路线图

② 开发的商品策划计划

③ 开发的商品策划业务合作与联盟

①开发的商品（市场）路线图

要想通过商品获得利润，就必须精准分析社会、顾客和市场的需求。制作商品路线图，就是从多个视点出发，明确对象商品的市场，明确市场随时间推移所发生的动向和随时间推移将商品投入市场的过程。

根据实际资料，确认对开发商品在社会和市场中所占的地位以及商品的未来性，是否设定了明确的意图和长期规划，是否制定了明确的利润计划等。具体参照表 2-6-1。

表 2-6-1　开发的商品（市场）路线图

对标指南	确认对象	确认内容和方法	详细确认项目 （检查、沟通、指导）
a. 商品动向掌握的精确度	开发部门负责人及数名开发部门负责人	检查确认商品路线图（文件）。 听取。	□有明确记载了顾客需求、市场动向的路线图
			□通过对比公司与竞争对手所有的商品，整理竞争胜败的原因，并将其反映到路线图中（明确竞争力评价项目的方向）
			□构建了每年至少 4 次分析顾客和市场动向的组织机制

对标指南	确认对象	确认内容和方法	详细确认项目 （检查、沟通、指导）
b. 路线图的现实性	↑	检查确认有以顾客、市场动向（路线图）为基础，研究公司商品方向定位的记录，以及模拟实验手法的资料。听取。	□掌握用于解析顾客、市场动向对本公司商品造成影响的模拟实验手法
			□以顾客、市场动向（路线图）为基础，确定本公司商品的方向并进行了研究（有相关记录）
			□工艺、制造和销售各部门积极参加以顾客、市场动向（路线图）为基础进行的商品定位讨论会
c. 投资与利润	↑	↑	□通过对顾客、市场动向的分析，概算投资内容与预期利润

②开发的商品策划计划

计划书是否具体描述了公司战略和路线图，是商品开发过程中最为关键的要素之一。计划书效果的好坏直接影响企业利润，因此计划书要体现所要求的商品性能、成本和利润，并要求与路线图内容一致。相关部门应根据实际资料，对新商品计划内容和路线图的整合性进行确认。具体参照表 2-6-2。

表2-6-2　开发的商品策划计划

对标指南	确认对象	确认内容和方法	详细确认项目 （检查、沟通、指导）
a. 计划内容	商品开发部门负责人和数名商品开发负责人	检查确认路线图与计划书。听取。	□基于上述路线图计划商品一览表
			□在充分考虑质量目标、成本目标、销售时期、环境、安全、社会性和供应链等的基础上，计划每个商品
			□计划书内容与路线图内容无冲突
b. 计划评审	↑	↑	□对照商品寿命周期，适时修订商品一览表
			□随时修订商品一览表（每年至少2次）
			□结合改进路线图，修订计划书
			□与设计、技术、制造和销售等部门协商，改进计划书
c. 利润计划	↑	↑	□针对各个商品进行利润计算（有作为利润计划基础的销售额、原材料费用和工时等方面的设定基准）
			□资源投入、投入时期的计划与路线图无冲突

③开发的商品策划业务合作与联盟

新商品的市场投放，要求开发、工艺、制造、销售等所有功能和组织均拥有不亚于竞争对手的能力。在瞬息万变的市场竞争中，要想在最佳时机投放新商品并获取利润，必须与第三者结为联盟，广泛开展技术合作或业务合作。实现公司利润最大化，同时满足合作伙伴的利润需求，这是现在和未来进行生产制造的必备条件。

此项管理要点需要确认对本公司强、弱项的把握程度；查看实际合作内容，同时确认是否做到了有效的合作。具体参照表 2-6-3。

表 2-6-3　开发的商品策划业务合作与联盟

对标指南	确认对象	确认内容和方法	详细确认项目（检查、沟通、指导）
a. 合作目的	开发部门负责人及数名商品开发负责人	检查确认计划书、路线图及合作合同等内容。听取。	□合作的战略目的明确（和路线图的相互关系方面，合作战略妥当）
			□签署了与合作内容有关的对等关系的合同
			□有合作伙伴进行标杆学习的结果报告
			□对本公司的优、劣势进行量化
			□合作范围方面，就生产、销售等所有领域进行了探讨
			□合作内容体现了双赢关系
b. 合作效果	商品开发部门负责人	↑	□有针对合作目标进行的合作效果评价实绩
			□使合作效果反映到计划书和路线图内的业绩

07 商品开发与设计

商品开发成功与否的关键，仍在于开发技术的力量。开发部门要有确保胜出的计划和切实保证计划实现的技术能力，必须拥有具备压倒性优势的核心技术，并有将其形成商品的能力。

本项经管要素的确认内容有：根据研究和商品计划开发新商品的能力，以及接受客户委托进行设计、评价的能力，包括设计支持技术和设计评审。

需要说明的是，确认内容中的"新商品开发能力"是指根据研发和商品计划进行新商品开发时的情况；"产品设计能力"是指接受客户委托进行设计时的情况。

★"商品开发与设计"包括以下管理要点：

①开发的新商品开发能力

②开发的产品设计能力

③开发的试制评价能力

④开发的技术支持能力

⑤开发的设计评审

┃①开发的新商品开发能力

开发新商品时，商品开发部门必须有保证商品在市场上获胜的计划能力和切实将其加以实现的技术能力，也必须超前于其他竞争对手，在性能、质量、成本、交货期等方面确立压倒竞争对手的核心技术。为此，企业需要以有效利用有限资源为前提，解析商品性能、质量、成本、交付期等方面目标与现状的差距，明确技术性课题以及解决课题所需的最尖端的技术，并将其实现。

本项管理要点基于研发与商品计划，以开发速度、绝对领先技术等结果类要素为中心，诊断确认开发设计新商品的能力。具体参照表 2-7-1。

表 2-7-1　开发的新商品开发能力

对标指南	确认对象	确认内容和方法	详细确认项目 （检查、沟通、指导）
a. 技术水平	商品开发负责人数名	检查确认与最先进的同类技术可比较的资料、开发路线图、规划书、计划书及发表的论文和专利资料。 听取。	□有在过去一年内开发出一流技术，并将新商品推向市场的绩效（由专利及论文等可客观地判断出对象商品的核心技术为绝对领先技术）
			□已取得对象商品的核心技术专利
			□对象商品的开发过程中，灵活运用质量机能展开，其商品规格配置具备市场所需要（或者潜在需求）的性能
b. 降低成本	↑	检查确认开发路线图、规划书、计划书及各技术课题资料。 听取。	□确定频次、计算成本、量化与目标成本的差距（按批次和费用种类分析计算成本，设定目标成本并掌握预测与实际的差距）
			□将现状成本与目标成本的差额分解成技术课题（根据设定的技术课题，有可能解决差异部分）
c. 开发速度	↑	检查确认通过标杆学习等方式把握到的竞争对手的新商品 LT 周期值、开发路线图、规划书、计划书及绩效。 听取。	□从生产材料的角度，准确掌握顾客要求的开发周期
			□本部门开发周期比竞争对手短
			□预测顾客及市场潜在需求，提前开发新技术，商品开发周期处于行业最高水平
			□确立了预测顾客、市场潜在的手法需求
			□有缩短开发过程周期时间活动的实绩

②开发的产品设计能力

对"按顾客要求进行的设计"进行确认。

此项管理要点要求产品设计部门具有将顾客所要求的商品性能、质量、价格、交付期以优势条件转化（运用质量机能展开、FMEA等）为图纸，最终形成产品的技术能力。在考虑对应法律法规、安全性的基础上，必须充分考虑试制评审和生产现场（生产容易程度）等公司内部后续工序，进行问题点的改善，确保本公司获得最大利润。

本项管理要点从以上这几点出发，确认设计人员的产品设计能力。具体参照表2-7-2。

表2-7-2 开发的产品设计能力

对标指南	确认对象	确认内容和方法	详细确认项目 （检查、沟通、指导）
a. 设计能力	数名设计负责人	检查确认订购意向书等客户方面发来的资料，以及图纸、质量性能展开、FMEA、FTA等公司内部设计资料。 听取。	□通过质量机能展开，将顾客的要求转换为性能和设计图纸
			□上述程序已形成文件（设计基准等）
			□此设计基准的实绩显示满足了客户所要求的质量和可靠性
			□充分掌握客户或市场的使用状况（使用环境）

（续表）

对标指南	确认对象	确认内容和方法	详细确认项目 （检查、沟通、指导）
			□通过 FMEA、FTA 等确认可靠性沟通项目，并对所提出的课题进行跟踪
			□将制造方法和制造局限反映到设计工序中，并形成文件
			□在生产作业方面，确立了对效率和作业容易度进行模拟的手段
b. 成本管理	↑	检查确认图纸、质量性能展开和设计书等公司内部设计资料。 听取。	□对各单元成本和各费用成本等进行分解把握，设定目标成本
			□为达到成本指标而制定的设计工序都形成了文件
			□掌握实绩和目标成本的差距（成本构成表等齐备，能够迅速把握成本状况）
c. 设计过程周期时间	↑	检查确认设计路线图、规划书、计划书及绩效。 听取。	□开发的过程周期时间由客户要求交货时间决定，设计的过程周期时间也以此为基准
			□对象商品的设计周期能够满足客户周期要求
			□对象商品的设计周期比竞争对手的设计周期短
			□有缩短设计周期活动的实绩

对标指南	确认对象	确认内容和方法	详细确认项目 （检查、沟通、指导）
d. 问题点的改善	↑	检查确认问题信息库（电子信息、纸）及公司内部设计资料。听取。	□设计人员设计时，时常对客户、试制评价和生产现场的缺陷和改善信息进行检索
e. 法律法规的对应及安全性	↑	检查确认法律法规应对项目（标准和顺序类）及公司内部设计资料。听取。	□依据制造物责任法、环境问题、进出口规定及其他法规、标准等确认设计的程序和标准，且该标准得以遵守
			□未在制造物责任法、环境问题、进出口规定及其他有关法规和标准方面出现过问题
		检查确认制造物品的安全性及危险物品的管理资料。听取。	□未发生产品安全性、作业和设备的安全性以及危险物品管理等安全性方面的问题

③开发的试制评价能力

检查商品是否满足设计性能要求，是质量保证方面重要的技术要点。检测商品性能是否达到客户要求的评价技术，已经成为核心技术。而且，不能仅仅凭借实验等评价技术，还要利用计算机辅助工程（Computer Aidel Engineering，CAE）等模拟技术，降低试制成本并提高速度，这是维持竞争力所不可或缺的要点。

以速度和实际业绩为中心，对设计的产品进行试制和评价，并对于其确认性能的能力进行确认。具体参照表2-7-3。

表2-7-3　开发的试制评价能力

对标指南	确认对象	确认内容和方法	详细确认项目 （检查、沟通、指导）
a. 试制评价的过程周期时间	试制负责人数名	检查确认路线图、规划书、计划书及相关的实绩。 听取。	□根据从接受客户订单至交付的过程周期，设定试制评价的目标
			□有明确的试制周期设定基准
			□有缩短试制周期的绩效
b. 试制评价能力	↑	确认顾客及公司内部评价报告等。 听取。	□在公司内部，可针对顾客要求的质量进行试制评价实验（设定了的试制评价项目，有明确的评价判定基准，评价正确）
			□设定了试制评价的项目，评价的判定基准明确，进行了正确的评价
			□能够将试制评价（含CAE）技术作为商品的"优势特性"向顾客宣传
			□分析成本中试制评价（含CAE）成本所占部分，并进行了降低成本的活动

对标指南	确认对象	确认内容和方法	详细确认项目 （检查、沟通、指导）
c.模拟实验，CAE	↑	检查目前软件、硬件和模拟实验实例。听取。	□在公司内可以进行顾客要求质量的模拟实验（CAE 解析） □通过灵活运用模拟实验样本，将试制控制在必要最小限度

④开发的技术支持能力

CAD（Compurter Aided Design）、CAM（Compurter Aided Manufacturing）已经广泛普及，在设计中有效利用这些 IT 工具也是保持实力的关键。仅仅构筑覆盖客户在内的网络和实现技术数据的交换，就足以确保相对优势，利用高水平 IT 技术的应用，则可以使开发具有更大优势。

企业应以目前的实际状态和效果为中心，对以下这些技术支持进行确认。具体参照表 2-7-4。

表 2-7-4　开发的技术支持能力

对标指南	确认对象	确认内容和方法	详细确认项目 （检查、沟通、指导）
a. CAD、CAM	数名设计负责人	实地确认 CAD、CAM 硬件设施。 听取。	□利用 CAD、CAM（建立了数据库，以促进有效利用 CAD、CAM）
			□同顾客和配套厂家之间建立了 CAD、CAM 网络平台
			□为有效利用 CAD、CAM，已建立相关数据库
b. IT 工具	↑	实地确认 IT 工具情况。 听取。	□在技术领域，使用了竞争对手同等水平以上的工程技术 IT 工具（模拟装置、3D 造型装置、干涉检查装置等）
c. 费用效果配比管理	↑	检查确认费用与效果配比的相关资料。 听取。	□进行 CAD、CAM 和 IT 工具（模拟装置、3D 造型装置、干涉检查装置等）投资时测算费用效果配比
			□定期测算 CAD、CAM 和 IT 工具（3D 模具装置、干涉检查装置等）费用效果配比

⑤开发的设计评审

在商品开发的现场，集思广益是根本。

设计评审（Design Review，DR）内容是反映技术实力的镜子。在设计评审过程中，企业要以过去的成功经验和失败教训为参照，在短时间内研发出更加完善的技术。企业应避免将重点单纯放在审查方面，因为设计评审的根本目的，是通过多个领域的专家指出问题，提出改善方案。

以设计评审的记录等为基础，确认设计评审的实际状况。具体参照表 2-7-5。

表 2-7-5　开发的设计评审

对标指南	确认对象	确认内容和方法	详细确认项目 （检查、沟通、指导）
a. 设计评审的方法、时机和出席人员	开发部门负责人、开发的责任主管	检查确认最近编制的 3 个品种的 DR 计划书及会议纪要。听取。	□（1）在开发阶段，由工艺、车间和销售及第三方（非直接负责的开发责任人）出席并实施整体评审工作
			□确认评审人员的能力，根据课题确定了合适人选
			□（2）在开发阶段，课题负责人（工艺、车间、销售及第三方等）出席各自所承担课题的评审会并实施评审

对标指南	确认对象	确认内容和方法	详细确认项目 (检查、沟通、指导)
b. 课题	↑	↑	上述(1)的DR包括下列评审项目： ·瓶颈技术的进度（解决情况的预测） ·竞争对手商品 ·技术动向（含专利） ·本公司专利申请情况和开发费用 ·开发日程 ·生产成本 ·调试日程 ·差异化技术 ·销售信息(营销部门信息) ·质量信息(质量部门信息) ·规格和法规等应对状况 ·需应对的风险 ·以往问题点的改善与解决
			□在上述（2）的各DR中，明确了瓶颈技术课题
		检查确认致力于解决商品和生产安全事项的文件。 听取。	□在上述（1）、（2）中，逐一检查各评审课题所派生的商品安全、作业、设备安全及危险物品管理等事关安全的问题
c. 根据上述（1）（2）提出适当意见	↑	检查确认最近编制的3个品种产品的DR计划书及会议纪要。 听取。	□基于以往的问题信息和解决的智慧、失误等，提出意见
			□工艺、车间、营销及第三方（非直接负责的开发责任人）提出改善意见和建议

对标指南	确认对象	确认内容和方法	详细确认项目 （检查、沟通、指导）
d. 根据上述（1）（2）实施计划、跟踪成果	↑	↑	□针对 DR 中的决议项，包括相关部门在内，3 日内提出实施计划
			□跟踪改善成果
			□构建将改善项目在开发期间基本加以解决，并落实到设计标准的机制

第 **3** 章

采购和外包
供应商管理

采购和外包供应商管理，除了采购机能和外包供应商管理之外，还有应对全球化、环境保护、企业间合作、风险管理、知识财产等更多职能。采购和外包供应商管理的确认范围覆盖全面，根据公司的调配方针，大到战略性采购，小到与外包供应商的共同物流。

相关用语的定义：

采购供货商：指产品使用的材料、原材料、零部件、半成品和完成品等的供货商。

外包供应商：指被委托加工的组织，即外包商、合作（外协）工厂。

● "采购和外包供应商管理"，包括以下 8 项经管要素（参照图 3）：

1. 采购和外包供应商管理的方针管理

2. 采购和外包供应商管理的组织体制

3. 采购和外包供应商管理的人才

4. 采购和外包的成本信息的收集和运用

5. 采购和外包供应商的选定和缔约

6. 对采购和外包供应商的把握和评价

7. 与采购和外包供应商的合作

8. 订货交货的物流管理

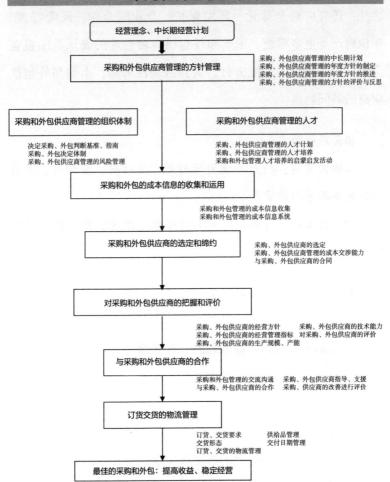

采购和外包供应商管理

经营理念、中长期经营计划

采购和外包供应商管理的方针管理

采购、外包供应商管理的中长期计划
采购、外包供应商管理的年度方针的制定
采购、外包供应商管理的年度方针的推进
采购、外包供应商管理的方针的评价与反思

采购和外包供应商管理的组织体制

决定采购、外包判断基准、指南
采购、外包决定体制
采购、外包供应商管理的风险管理

采购和外包供应商管理的人才

采购、外包供应商管理的人才计划
采购、外包供应商管理的人才培养
采购和外包管理人才培养的启蒙启发活动

采购和外包的成本信息的收集和运用

采购和外包管理的成本信息收集
采购和外包管理的成本信息系统

采购和外包供应商的选定和缔约

采购、外包供应商的选定
采购、外包供应商管理的成本交涉能力
与采购、外包供应商的合同

对采购和外包供应商的把握和评价

采购、外包供应商的经营方针　　采购、外包供应商的技术能力
采购、外包供应商的经营管理指标　对采购、外包供应商的评价
采购、外包供应商的生产规模、产能

与采购和外包供应商的合作

采购和外包管理的交流沟通　　采购、外包供应商指导、支援
与采购、外包供应商的合作　　采购、供应商的改善进行评价

订货交货的物流管理

订货、交货要求　　供给品管理
交货形态　　　　交付日期管理
订货、交货的物流管理

最佳的采购和外包：提高收益、稳定经营

图3　采购和外包供应商管理的经管要素一览

01 采购和外包供应商管理的方针管理

　　考虑到制造业面临的最佳全球化采购、全球规模环保、多国间知识产权、法律法规限制、产品寿命的短期化、材料革命等问题，制造业企业必须建立采购和外包供应商管理中方针管理的"计划""推进""评价和反思"的 PDCA 的扎实运转机制参考图 4。

　　此项经管要素需要确认：方针管理总负责人（部门负责人）是否能够基于公司经营战略的采购战略、方针，制定具体的采购和外包供应商管理的中长期和年度方针目标；方针、目标是否已贯彻到相关部门全体人员；中长期和年度方针、计划是否与资源计划结合展开，是否转化为达成方针目标进行的推进活动（计划、组织体制、活动内容等）；是否把方针目标标准化，使之固化在日常业务中并切实可行；是否通过现地、现物确认评价实际成果等。

★ "采购和外包供应商管理的方针管理"包括以下管理要点:

①采购和外包供应商管理的中长期计划

②采购和外包供应商管理年度方针的制定

③采购和外包供应商管理年度方针的推进

④采购和外包供应商管理方针的评价与反思

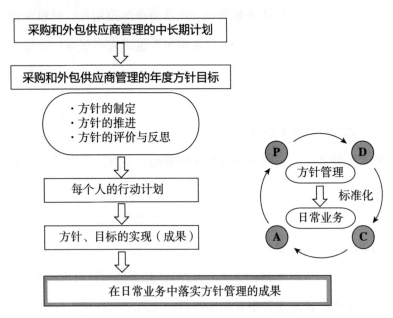

图4　采购和外包供应商管理的方针管理 PDCA 运转

①采购和外包供应商管理的中长期计划

根据经营战略制定的中长期计划是方针管理的基础。

确认采购和外包供应商管理的中长期计划，不仅以采购和外包供应商管理工作本身为对象，更以贯彻公司方针的采购部门的整体方针和目标为对象。

确认的重点是"中长期计划及其适当性"、"实施课题、重点课题的设定及其适当性"、"目标、战略与资源分配计划及其适当性、有效性"和"中长期计划的修订跟踪"。

具体内容为：部门负责人在制订中长期方针和目标时是否融入了自己的想法；是否根据经营方针设定最高水准的、有独特性、革新性的目标；是否谋求与技术、生产等相关部门的中长期计划与目标、战略、优先顺序上的整合一致等。确认方针管理的 PDCA 循环是否在有效运转。具体参照表 3-1-1。

表 3-1-1 采购和外包供应商管理的中长期计划

对标指南	确认对象	确认内容和方法	详细确认项目 （检查、沟通、指导）
a. 部门中长期计划及其适当性	部门负责人及负责制订中长期计划的担当人员	确认中长期计划。 听取。	□是否有部门中长期计划
			□部门中长期计划是否遵循公司方针和长期经营计划
			□能否预测、捕捉外部环境（经营环境、社会环境等）的趋势、变化及新技术等
			□是否已根据不同交易对象、不同产品，具体捕捉到市场、顾客的需求和期待动向
			□标杆研究的结果是否已反映到部门中长期计划中
			□部门负责人是否已根据自己的观点，制定出具有独特性、创新性的中长期计划、方针、目标
b. 应采取措施的课题、重点课题的设定及其适当性	↑	根据市场、顾客需求、典范借鉴、环境变化和新技术等，确认中长期计划的适当性。 听取。	□为完成中长期计划、方针、目标，是否已设定应采取措施的课题、重点课题
			□是否已预测顾客需求、典范借鉴、环境变化和新技术等，据此制定应采取措施的问题与重点课题
			□是否从全公司角度出发制定应采取措施的课题、重点课题（打破部门框架的、横向、复合的）
			□应采取措施的课题、重点课题是否已提出业务改革和挑战性改善

（续表）

对标指南	确认对象	确认内容和方法	详细确认项目 （检查、沟通、指导）
c. 目标、战略与资源分配计划及其适当性、有效性	↑	确认中长期计划的个别内容。 听取。 实例抽样确认。	□是否有量化的目标和评价基准
			□是否已设定最高水准的目标和具有独特性的目标
			□是否在技术能力、人才、预算等方面制定了具有独特性、创新性的完成目标战略
			□是否已与技术、生产等相关部门的中长期计划进行磨合，谋求目标、战略、优先位次的整合性、一致性
			□是否有为达成目标的资源分配计划的证据、依据
d. 中长期计划的修订与跟踪	↑	实例抽样确认。	□部门负责人是否已定期且根据需要修订并跟踪中长期计划

②采购和外包供应商管理年度方针的制定

为完成中长期计划，部门负责人必须根据上年度和过去的业绩、顾客的需求和期待、新技术和市场环境变化等，制定年度方针，并在部门内部进行传达和贯彻。

确认的重点是部门年度方针及其适当性、重点课题及其适当性、战略目标及其适当性和资源分配计划的实施、方针的贯彻、对目标达成共识和年度方针的修订与跟踪。具体参照表3-1-2。

表3-1-2 采购和外包供应商管理年度方针的制定

对标指南	确认对象	确认内容和方法	详细确认项目 （检查、沟通、指导）
a. 部门年度方针及其适当性	年度方针总负责人（部门负责人、部长）	确认公司、部门方针、中长期计划、年度部门方针、上年度评价、反思等制定年度方针所需的资料。听取。	□是否有部门年度方针目标
			□是否根据公司方针（年度计划）及中长期计划制定了部门年度方针
			□部门年度方针目标是否在定量分析评价上年度和过去业绩的基础上制定
			□部门年度方针目标是否反映了顾客的要求和期望
			□是否把竞争对手企业作为典范借鉴，反映在制定的部门年度方针目标中
			□是否与相关部门就年度方针、目标的战略、优先位次等进行磨合，与相关部门的年度方针目标保持一致
			□总负责人是否将个人思路融入部门年度方针目标内

（续表）

对标指南	确认对象	确认内容和方法	详细确认项目 （检查、沟通、指导）
b. 应采取措施的课题、重点课题及其适当性	↑	确认应采取措施的课题、重点课题及为制定课题准备的资料。 听取。	□是否根据顾客需求、标杆对标、环境变化和新技术等制定应采取措施的课题和重点课题
			□应采取措施的课题、重点课题是否从全公司角度出发制定
			□应采取措施的课题、重点课题是否已包含业务改革和挑战性改善
c. 目标、战略及其适当性，以及为达到目标而制定的资源分配计划的实施。	↑	确认年度计划书的目标、日程、责任人、战略、资源计划及实施。 听取。	□是否有量化的目标和评价基准
			□为达成目标制定的战略是否分为技术能力、人才、预算等层次，是否具体
			□目标、战略是否具有独特性和创新性
			□为达到目标，总负责人是否已计划并实施资源分配
d. 方针的贯彻和对目的、行动的共识	↑	确认实施事例。	□是否制定了便于员工理解的部门年度方针，有使之传达、贯彻的机制和方法
	部长、科长、责任人（至少5名）	确认公司、部门年度方针、部、科、小组年度方针，计划等。 听取。	□总责任人是否使部门每个人都理解本公司的采购方针、采购外包供应商管理方针和战略，对目的、行动形成共识，有积极性、成就感

对标指南	确认对象	确认内容和方法	详细确认项目 （检查、沟通、指导）
e. 年度方针的修订与跟踪	年度方针总负责人（部门负责人、部长）	确认实施事例。	□总负责人是否根据环境变化，适时定期修订部门年度方针并跟踪

③采购和外包供应商管理年度方针的推进

此项管理要点确认的重点是"推进体制及其任务职能、适当性、有效性、修订改善"、"推进计划及其适当性、具体性、修订改善"、"方针在各级层的贯彻及向个人实施计划的分解"、"方针推进体制的修订改善与标准化"。

为了实现年度方针目标，推进计划中的每一个课题中的必要事项是否用5W1H记录，并分解成个人实施计划；总负责人是否已修订、改善为达成方针目标而设立的推进体制，并使之标准化，并落实到日常业务中。具体参照表3-1-3。

表 3-1-3　采购和外包供应商管理年度方针的推进

对标指南	确认对象	确认内容和方法	详细确认项目 （检查、沟通、指导）
a. 推进体制、职能任务、适当性、有效性、修订改善	年度方针总负责人（部门负责人、部长）	确认组织、体制一览表、推进计划表、职能职责表和实施案例。听取。	□是否有把方针目标在公司内外推进的组织、体制
			□是否已明文规定推进体制责任人、主管部门、各种会议常设机构的定位、职能、任务责任、权限等
			□是否与公司内外相关部门明确划分职能、职责、权限及实际业务，以推进方针
			□总负责人是否定期组织会议等，强化公司内外合作，以推进方针
			□总负责人是否根据情况变化，组建推进项目小组，修订完善方针推进体制
b. 推进计划、适当性、具体性、修订改善	↑	↑	□是否有方针的推进计划
			□为了实现目标，是否方针推进计划的每个课题都以5H1W形式记录其必要事项
			□总负责人是否根据环境变化，定期且根据需要修订方针推进计划并跟踪

对标指南	确认对象	确认内容和方法	详细确认项目 （检查、沟通、指导）
c. 方针推进计划在各层级的贯彻及向个人实施计划的分解	部长、科长、责任人（5名以上）	确认部、科、个人实施计划。听取。	□使各层级理解、贯彻方针推进计划的机制、对策、好办法、执行机制是否在发挥作用（通过公开、揭示、启发启蒙活动等方式）
			□总负责人是否已把部门年度计划分解为部、科年度实施计划，再决定个人任务，分解为个人的实施计划
d. 方针推进体制的修订改善与标准化	年度方针总负责人（部门负责人、部长）	确认提高推进体制水平、减少工时及短时间内完成目标的标准化事例。听取。	□总负责人是否已重估改善方针推进体制（推进计划、组织体制、活动内容等），并使之标准化并落实到日常业务中

④采购和外包供应商管理方针的评价与反思

制定的方针往往不能完全按计划推进，因此相关部门必须跟踪进度状况，采取必要的措施，进行改正和改善。

确认的重点：经营高层的点检、执行负责人（部门负责人）实行方针进度管理、确认与评价有无实际效果、总负责人未完成目标时的措施、改善项目在日常业务中的固化及反映在下年度方针中的机制。具体参照表3-1-4。

表 3-1-4　采购和外包供应商管理方针的评价与反思

对标指南	确认对象	确认内容和方法	详细确认项目 （检查、沟通、指导）
a. 最高经营层的点检	年度方针总负责人（部门负责人、部长）	确认高层点检记录、确认资料。听取。	□最高经营层人员是否定期（每年两次以上）进行点检
b. 总负责人（部门负责人或部长）的进度管理	↑	确认进度管理会议记录、检查顺序、要点、下功夫进行进度管理的实例等。听取。	□年度方针总负责人是否每月定期点检方针，对进度进行管理
			□是否已制定方针目标进度管理方法、顺序（完成日期、何人、什么内容、实施程度）
			□是否有能使方针、目标的完成情况一目了然的机制，总负责人力图使员工对现状达成共识
			□总负责人是否定期检查跟踪方针及目标的完成状况
c. 实际成果的确认与评价	↑	确认实际成果的确认、评价的步骤方法和现地现物确认评价的实例等。听取。	□确认实际成果时，确认并评价数据收集、分析方法是否妥当等
			□总负责人是否在现场以现物确认实际成果
			□是否根据改善效果，对比投入的人、物、资金，与未投入的人、物、资金，确认是否妥当；评价其效果持续性的机制是否在发挥作用

对标指南	确认对象	确认内容和方法	详细确认项目 （检查、沟通、指导）
d. 总负责人未完成目标时的措施	↑	确认目标未完成时的应对步骤、方法、机制、总负责人实施的事例等。听取。	□未完成目标时，进行纠正改善的机制体制是否在发挥作用
			□未完成目标时，总负责人是否跟踪了纠正改善的措施及效果
			□针对连续未完成目标及结构性问题，总负责人是否提供了必要的支援对策，投入了必要的资源
e. 改善项目在日常业务中的固化机制及反映到下一年度方针中的机制	↑	实施事例抽样，确认相关规定、手册、作业标准书、方针等。听取。	□总负责人使方针管理中的改善项目标准化，反映在相关各部门的规定、手册、标准中，落实到日常业务中且使之固化的机制是否在发挥作用
			□进行对方针的评价、反思修订和改善，反映到下年度方针中的机制是否在发挥作用

02 | 采购和外包供应商管理的组织体制

要实现高效的采购和外包供应商管理，不应只从一个部门的角度出发，而是需要经营、技术、工艺、销售等所有部门配合协作。采购和外包供应商管理的组织体制要置于全公司层面的经营方针、经营战略的高度。

"采购、外包的决定"（是否采购、从何处采购、是否内部制作等的决定）和"风险管理"，是确认诊断采购和外包供应商管理组织体制时的重点内容。

★ "采购和外包供应商管理的组织体制"包括以下管理要点：

①决定采购和外包的判断基准

②采购和外包的决定机制

③风险管理

①决定采购和外包的判断基准

采购、外包的判断和决定（是否采购、从何处采购、是否内部制作等的决定）具有战略性，必须制定与公司经营方针一致的采购、外包判断基准，需确立相关的机制和组织体制，明确重要度不同的组织级别的决定权。

确认的重点是"判断基准、指南的制定、决定机制和组织"、"决定采购、外包的评价项目、判断基准、指南及其适当性"、"评价项目、判断基准、指南及其制定机制的调整改善"。

从公司方针出发，着眼中长期，确认采购和委托的判断基准、指南是否包含 QCDES（质量、成本、数量、交货期、环境、安全）及其他重点，是否是按行业种类和产品类型制定的，是否有定期修订完善的机制。具体参照表 3-2-1。

表 3-2-1　决定采购和外包的判断基准

对标指南	确认对象	确认内容和方法	详细确认项目 （检查、沟通、指导）
a. 制定并决定判断基准、采购指南、相关组织体制	采购部门负责人	确认决定判断基准、采购指南、组织体制（会议常设机构及体制）、记录着各部门任务的文件。听取。	□是否制定了采购和外包与否的判断基准，是否有指南的步骤和机制
			□是否有决定上述判断基准、指南的公司层面的组织体制（会议常设机构和委员会等）
			□是否已明文规定上述组织体制中各部门的任务、责任、权限、业务范围
b. 决定采购、外包的评价项目、判断基准、指南及其适当性	↑	确认公司采购方针、战略和判断基准、指南的内容。听取。	□是否有决定采购和外包的评价项目、判断基准、指南
			□检查上述判断基准、指南是否与公司采购方针和战略保持一致并形成联动
			□决定采购和外包的判断基准、指南是否按行业种类和产品类型分类制定且方便使用
			□判断基准、指南是否立足中长期的视角制定
			□评价项目、判断基准、指南是否与包含 QCDES 的相关部门联合制定
c. 评价项目、判断基准、指南及其制定、决定的机制、组织体制的修订改善	↑	确认修订改善机制，实施事例。听取。	□定期修订改善评价项目、判断基准、指南的机制是否在发挥作用
			□对制定、决定判断基准、指南的机制、组织体制定期重估、改善的机制是否在发挥作用

②决定采购和外包供应商的体制

供应商的决定，在实际业务中相当于"战略的实施"，与采购组织体制有密切联系。但是，未建立采购和外包供应商机制，没有明确责任权限的组织体制，仅仅依赖以往业绩和人脉关系，不作重估，习惯性地决定采购和外包供应商……这样的例子不胜枚举。

确认的重点是：采购和外包供应商的决定机制及其适当性；采购和外包供应商决定规定、规则的适当性及其遵守的管理；不当之处的应对机制体制；采购和外包供应商决定及不当之处的应对机制的重估改善及在日常业务中的固化。

具体内容为：供应时期的决定、决定者、审查内容等是否明确；与采购和外包供应商决定相关的机制体制是否有效；采购、外包供应决定不恰当时的紧急措施、防止再发的机制是否发挥作用；部门负责人是否使这些机制体制在日常业务中固化。具体参照表3-2-2。

表 3-2-2　决定采购和外包供应商的体制

对标指南	确认对象	确认内容和方法	详细确认项目 （检查、沟通、指导）
a. 采购、外包决定机制及其适当性	部门负责人（部长）	确认采购、外包决定机制、体制。听取。	□是否已规定采购、外包的必要条件（日期、决定者、审查内容等）
		确认实施事例。	□对重要零部件、特殊零部件的采购、外包决定，是否所有必要条件、评价项目、判断基准从研发阶段就已明确
		确认采购、外包决定机制体制。听取。	□决定采购、外包的机制体制是否在发挥作用
b. 采购、外包决定规定、规则的适当性与遵守状况管理	↑	确认关于采购、外包规定类文件。听取。	□有关于采购、外包决定的规定规则
			□有包括采购、外包决定条款的公司层次的采购管理规程、手册
		确认遵守关于采购、外包决定的规定类文件的管理组织体制。听取。	□关于采购、外包决定的规定、规则的组织体制是否在发挥作用
c. 应对不当之处的机制体制	↑	确认应对不当之处的机制体制及实施事例。	□当采购、外包决定出现不当之处时，迅速、准确地进行紧急处理，防止再次发生

对标指南	确认对象	确认内容和方法	详细确认项目 （检查、沟通、指导）
d. 采购、外包决定和应对不当之处等方面的机制的重估、改善与在日常业务中的固化	↑	确认不当之处应对体制怎样改善和实施事例、固化状况。听取。	□部门负责人（部长）确认重估、改善采购和外包决定以及出现不当之处时的应对机制是否发挥作用
			□部门负责人（部长）确认决定采购、外包及出现不当之处时的应对机制在日常业务中固化并发挥作用

③采购和外包供应商管理的风险管理

　　采购和外包供应商管理工作也有各种风险，风险管理的关键在于有应对预设的体制，一旦发生灾害，或出现采购和外包供应商破产、泄露机密、有不正当行为、不体面的事等风险，能恰当处理。

　　确认的重点：风险认识的贯彻及风险管理规定手册；预防性风险管理；风险等级判定基准、机制及发生后的应对措施；与风险管理有关的规定手册、机制体制及其修订改善。

　　具体确认内容：是否让人员充分认识本公司可能存在的风险；有没有预防性风险管理的规定；有没有收集分析资产管理等方面与风险相关信息的机制；是否制定了风险判定基

准和规定规则；发生风险后是否能根据规定迅速应对；是否定期修订改善规定和管理机制；是否做到能预防风险。具体参照表3-2-3。

表3-2-3　采购和外包供应商管理的风险管理

对标指南	确认对象	确认内容和方法	详细确认项目 （检查、沟通、指导）
a. 风险意识的渗透及风险管理规定、手册	部门负责人（部长）	确认风险管理规定、手册、风险回避规程及使之渗透的机制等。听取。	□有应对灾害、破产、机密泄露和不正当行为的风险规定及手册
			□是否进行发布采购和外包供应商管理的风险信息及其他公司事例的启蒙教育活动；使风险意识渗透到全部门人员
	责任人抽选数名人员	确认风险认知度。	□全部门人员是否已认识到本公司有关的商业风险
b. 预防性风险管理机制实例：安排短交货期、多家公司订货、为回避风险的特殊库存等。	部门负责人（部长）	确认进行预防性风险管理的规定、规则、机制、组织体制等及风险回避实施事例。听取。	□有进行预防性风险管理的管理规定
			□监督改善用于预防性风险管理的管理规定、规则的遵守情况的组织体制是否在发挥作用
			□收集、分析、灵活运用进行预防性风险管理的信息（技术、资产管理等）的机制是否在发挥作用

对标指南	确认对象	确认内容和方法	详细确认项目 （检查、沟通、指导）
c. 风险等级判定基准、机制及发生后的应对措施	↑	确认风险判定及风险应对基准、机制体制和应对实例。听取。	□有判定发生风险事态或风险警戒等级的基准和机制
			□在负责人的管辖范围内，迅速、准确地进行风险发生后的应对（紧急措施和防止再次发生），风险应对的机制、组织体制是否在发挥作用
d. 有关风险的规定、手册、机制、组织体制及其重估改善	↑	对实施事例抽样确认。	□定期根据需要重估并改善与风险相关的所有规定、手册、机制、组织体制
			□部门负责人是否使与上述风险有关的所有机制、组织体制在日常业务中固化并发挥作用，防患于未然

148

03 | 采购和外包供应商管理的人才

采购和外包供应商管理极大地依赖一线主管人员的能力。因此需要培养采购和外包供应商的管理人才，挖掘他们的能力并充分发挥其作用。

从"尊重人性和培养人才"的角度出发，为了扎实而健全地采购、供应商管理，本项经管要素对"人才计划"、"人才培养"及"人才的启蒙启发活动"进行确认。

★ "采购和外包供应商管理的人才"包括以下管理要点：

①采购和外包供应商管理的人才计划

②采购和外包供应商管理的人才培养

③采购和外包管理人才培养的启蒙启发活动

①采购和外包供应商管理的人才计划

人才的最佳配置至关重要。确定需要什么样的资质和能力，确定对人的能力的强、弱项进行合理科学分析评价的基准，明确人才需求是否可以外包，实现最佳配置，这就是人才计划。

确认的要点包括：个人能力评价标准和资格认定制度；人才能力掌握机制及其改进完善；人才计划的制定、实施及适应性；形成稳定的机制，保证实施结果的改进、完善与跟踪，并反映在下一步人才计划中；确认部门领导如何妥当地运用这些取得成果。具体参照表3-3-1。

表3-3-1　采购和外包供应商管理的人才计划

对标指南	确认对象	确认内容和方法	详细确认项目 （检查、沟通、指导）
a. 个人能力评价标准与资格认定制度	部门负责人（部长）	确认能力要件、资格定义等资料。 听取。	□具备按采购和外包供应商管理部门的职务、级别进行个人能力评价的基准
			□把握和研究公司内外与采购和外包供应商管理业务有关的认定及资格的制度能够发挥作用

对标指南	确认对象	确认内容和方法	详细确认项目 （检查、沟通、指导）
b. 把握人才能力的机制及其改进完善	↑	确认人才结构表和人才能力掌握、分析评价、改进完善的机制，以及具体实施事例。听取。	□每个部门都有人才结构图（包括所需技能和人数）
			□对体现部门人才规划中期目标和追求组织能力（理想状态）的人才结构图进行维护和完善
			□具备根据业务分类评价每个组织的人员能力强、弱项的机制
			□定期且在必要时对个人能力的强、弱项进行分析和改善
c. 人才计划的制定、实施及其适应性	↑	确认中长期人才培养计划、人员调动、录用、配置等计划和实际业绩。听取。	□根据人才培养计划，制定部门内人员调动、录用计划并实施
			□根据部门中长期计划，计算并统计人才在质和量上的多寡情况
			□形成在把握人才能力强、弱项的基础上制定基于部门中长期人才培养计划的人才计划（调动、录用、配置、补充、外包）的机制，且该机制能够发挥作用

对标指南	确认对象	确认内容和方法	详细确认项目 （检查、沟通、指导）
d. 实施结果的改进完善与跟踪，形成将这些成果反映到下一步人才计划的稳定的机制	↑	确认改进完善和跟踪的实绩，人员流动、招聘和配置结果。听取。	□部门领导促进对人才计划（调动、录用、配置、补充、外包）的实施结果进行修订和完善 □对调动、录用、配置、补充、外包的实施结果进行确认评价，并将其反映到下一个人才计划的机制，部门领导促进其固化和发挥作用，取得成果

②采购和外包供应商管理的人才培养

在有关采购和外包供应商管理方面的人才培养中，要通过实践验证这样一点：仅仅购买便宜货，或者训斥供应商、对供应商大动肝火等，都不是采购管理。

确认的要点是：部门负责人是否让"人才培养计划及其有效性和贴切性""教育体制（采购员培训、在职培训、法律、伦理、道德、素养教育等）及其改进完善""培养结果反馈的机制""教育培训效果的确认跟踪及改进完善机制"等能够切实、顺利地发挥机能并取得成效。具体参照表3-3-2。

表 3-3-2　采购和外包供应商管理的人才培养

对标指南	确认对象	确认内容和方法	详细确认项目（检查、沟通、指导）
a. 人才培养计划及其有效性和贴切性	部门负责人（部长）	确认中长期计划、人才培训方针、计划书、年度培训计划和培训实施报告。听取。	□采购和外包供应商管理部门有根据中长期计划编制的人才培养计划
			□具备依据部门人才培养计划制定的包括每个人应达到目标的个人培养计划
			□部门有与采购和外包供应商管理相关的年度教育研修计划
b. 培训体制及其改进和完善、采购员教育培训（专业教育培训）、一般教育培训	↑	确认培训计划安排、培训课程、教材、培训设施、工具和培训师资，以及上述各项是否为最新、最佳状态。听取。	□（1）在采购员培训中实施有关成本分析能力的培训
			□（2）在采购员培训中实施有关成本谈判能力的培训
			□（3）在采购员培训中培养改善指导员
			□采购和外包供应商管理业务中的实践培训体制在发挥作用
			□在部门中进行必要的一般性教育及对业务上的不良现象防患于未然的教育（法律、伦理、道德、素养等）
			□采购和外包供应商管理中所必需的包括道德、礼仪素养在内的部门教育体制，在质和量两方面都非常充分（课程、教材、培训设施、工具、教室和讲师等）
			□定期根据需要改进和改善培训体制，使其处于最佳状态

对标指南	确认对象	确认内容和方法	详细确认项目 （检查、沟通、指导）
c. 反映培训 结果的机制、 制度	↑	确认反映在人 事考评上的 方法。 听取。	□具备安排培训成果发表场 所等用以鼓励受培训人员的 机制
			□将培训教育方面的评价反 映到人事考评中
d. 培训效果 的确认、跟 踪及改进 机制	↑	抽检确认、跟 踪和改进改善 的具体事例。	□确认受培训人员在教育培 训和工作两方面的评价，并 对受培训人员进行跟踪
			□对教育培训的优缺点以及 教育的效果定期进行确认评 价，对教育内容进行改善的 体制能够发挥作用
			□能够用费用对照效果的方 法确认评价教育培训成果
e. 人才培 养计划、教育 培训成果	↑	抽检具体的修 订、改善事例。	□部门领导定期修订和完善 人才培养计划和教育培训体 制，并促使人才培养机制能 够顺利、切实地发挥作用， 取得成果

③采购和外包管理人才培养的启蒙启发活动

为人才培养而实施的启蒙启发活动，可以激发员工的士气和积极性，必须进行有计划的、持续的推进。

确认的要点：公司是否按组织、级别和课题分别实施培养人才的个人及小团队活动；研修会、发表会是否每年举办；表彰制度和支援、奖励机制是否在发挥作用；部门人才培养工作是否取得了成果。具体参照表 3-3-3。

表 3-3-3　采购和外包管理人才培养的启蒙启发活动

对标指南	确认对象	确认内容和方法	详细确认项目 （检查、沟通、指导）
a. 个人、小团队活动	部门负责人	确认活动计划和实施成果表。听取。	□具有在部门内部按组织、级别和课题等对个人、小团队进行人才培养的机制
			□针对启蒙启发活动的推进目标、日程实施进度管理的组织机制在发挥作用
b. 研修会、发表会	↑	确认参加研修会、发表会的状况。听取。	□与国内外相关企业和团体进行交流
			□个人及小组参加研讨会、发表会的实绩逐年上升
			□来自顾客或产学官的表彰逐年增多
c. 表彰制度	↑	确认表彰制度的实际状况。	□与公司内外的采购和外包供应商管理业务有关的表彰制度正在发挥作用
d. 奖励、成果	↑	确认显示活动的有关的资料等，以及实施事例。听取。	□对采购和外包供应商管理业务相关的人才培养和教育、训练进行奖励和支援的机制和制度正在发挥作用
			□照顾到采购和外包供应商管理业务相关的教育训练结果、被认为资格、能力提高了的员工也被照顾到的制度已经发挥作用

04 | 采购和外包的成本信息的收集和运用

　　采购和外包供应商管理的最终目的是追求并实现最佳成本。对成本信息的有效收集和充分运用，是达成此目的的手段。

　　确认成本信息收集和运用的机制是否在发挥作用，尤其要将着力点放在对成本信息的充分运用上。

　　制造业企业的成本信息收集，并非仅指单纯地收集成本信息，还必须收集新技术、生产能力变化等与成本最优化有关的所有周边信息，并且能够涵盖国内外广阔的范围，具有极高的精度和鲜度。在电子零部件价格变动非常剧烈的今天，企业须建立精确且迅速的信息收集机制。

　　"实现成本最优化"很大程度上被成本信息的使用方法所左右。为了有效利用花费了费用和人工收集的成本信息，公司必须建立和健全成本信息系统，并不断对信息系统进行改进和改善。

★ "采购和外包的成本信息的收集和运用"包括以下管理要点：

①采购和外包管理的成本信息收集

②采购和外包管理的成本信息系统

①采购和外包管理的成本信息收集

成本信息的收集，并非指单纯收集成本信息，还指包括新技术及生产能力变化等与成本最优化相关的所有周边信息。

确认的重点：成本的信息收集机制；信息收集的贴切性与有效性；提升信息内容准确度及新鲜度的机制；改进和完善提升成本信息内容准确度新鲜度的机制和体制。

以现地现物的方式具体确认以下内容：用于收集最新信息的系统的健全和完善状况（包括软件、硬件）；在全球范围内寻找标杆进行对标学习的状况；利用互联网实时收集信息和数据的状况；信息的精度和新鲜度改进和完善的状况。具体参照表3-4-1。

表 3-4-1　采购和外包管理的成本信息收集

对标指南	确认对象	确认内容和方法	详细确认项目 （检查、沟通、指导）
a. 有关成本的信息收集体制	部门负责人	确认有关成本的信息系统、组织体制，以及部门负责人（部长）的活动。听取。	□有收集有关采购和外包供应商（含即将纳入采购对象的供应商和具有竞争对手关系）成本的组织体制
			□部门领导推进可以尽快奏效的信息收集活动（收集目的、顺序的明确化，系统的软件、硬件方面的改善等）
b. 成本信息收集的贴切性与有效性。 （1）收集范围 （2）收集手段 （3）市场状况 （4）行业 （5）新业务的开拓	↑	↑	□（1）收集范围涵盖全球
			□（2）收集手段以互联网为主，数量大，涵盖面广
			□（3）市场信息包括目前业务内容之外的广泛内容
			□（4）找到每个行业的标杆，了解其强项和弱项
			□（5）时常开拓新的信息（范围、对象、项目等）
c. 信息的内容、提升准确度及新鲜度的机制	↑	↑	□提高成本信息收集的准确度和新鲜度的组织机制、执行机制、手段手法都已经发挥作用
			□提高成本信息准确度、新鲜度的推进机制在发挥作用
		确认评价基准和方法。听取。	□有明确的成本信息内容及其准确度、新鲜度和收集速度的评价标准和方法

（续表）

对标指南	确认对象	确认内容和方法	详细确认项目 （检查、沟通、指导）
d. 对成本信息内容、准确度、新鲜度及收集机制的改进完善	↑	确认改善事例。	□对收集到的信息内容、准确度、新鲜度和信息收集的机制、体制等进行定期的改进和改善

②采购和外包管理的成本信息系统

在很大程度上，如何充分运用"成本信息系统"左右了成本最优化的实现程度。因此，公司必须建立并健全成本信息系统。

确认的要点：成本信息系统及其贴切性、有效性；信息系统的运用，包括目的的周知、规章制度及提高使用便利性的机制；对系统运用成果进行评价的体系；成本信息的收集和运用机制的改进；对成本信息收集利用系统的修订和完善。

确认的主要内容：是否让使用者明确了解系统的目的和使用方法；是否从硬件、软件两个方面努力提高系统的使用便利性；是否在公司内部和协作公司健全了信息运用的基础建设和管理规定；部门负责人是否定期对成本信息收集运用系统进行改进完善并取得成果。

为了实现成本最佳化，有必要在全公司层面建立成本相关信息的数据库，并进行独立管理。具体参照表3-4-2。

表3-4-2　采购和外包管理的成本信息系统

对标指南	确认对象	确认内容和方法	详细确认项目 （检查、沟通、指导）
a. 成本信息系统及其贴切性、有效性	部门负责人	确认成本信息收集和应用系统的运用状况。听取。	□有成本信息收集和应用系统（DB、应用软件等）
		确认成本信息收集应用系统运用、数据库（Data Base，DB）管理状况。听取。	□公司内部及协作公司之间具备基础设施（信息网络、DB 等）
			□按市场、行业、技术能力等将成本信息进行分类，并设法让使用者使用起来更加方便
			□防止成本信息系统的软件、硬件陈旧，使其跟上时代的变化
			□为了实现成本最优化，已建立全公司层面的成本信息数据一体元化管理机制并在发挥作用

（续表）

对标指南	确认对象	确认内容和方法	详细确认项目 （检查、沟通、指导）
b. 成本信息系统运用	↑	确认如何使目的周知。 听取。	□部门负责人通过教育、训练，让部门全员理解和贯彻成本信息系统的目的，即降低成本、缩短过程周期时间、最佳的采购方式、提高质量等，并将信息系统作为工具加以活用
·目的的宣传	系统的使用者	确认运用目的、使用方法等是否得到贯彻。 提问。	□系统的使用者已明确系统的目的，掌握系统的使用方法
·规章制度 ·提高使用便利性的机制	部门负责人	确认规章制度和应用的便利性、提升机制和具体实施事例。 听取。	□制定了有关公司内部及协作公司的成本信息系统相关规定（尤其是保密方面）
			□听取系统使用者的意见，改进提高系统使用便利性的机制在发挥作用
c. 系统应用效果的确认和评价机制	↑	确认管理指标、评价基准、方法和应用机制。 听取。	□对成本信息系统应用效果（降低成本、缩短过程周期时间、新增采购和外包供应商的选定、提高质量等）进行确认和评价
			□能够评价成本信息系统的投入产出比，并评价其效果的持续性
d. 成本信息收集应用系统的修订与完善	↑	确认改善事例和应用效果。	□部门领导定期诊断成本信息收集应用系统的优缺点，进行修订与完善，在运用成本信息系统方面取得成果

05 | 采购和外包供应商的选定和签约

采购和外包供应商的选定和签约，特别考验采购人员的成本谈判能力，最能体现采购人员的实力。在采购和外包供应商的选定、签约和成本谈判方面，绝对不得有非法或不正当行为。遵循公司方针和成本信息形成的"采购和外包供应商的选定和签约"基准，是部门负责人必须优先管理的事项之一。

在进行"采购和外包供应商的选定"时，不能够按过去的做法和惯例进行，而应基于公司方针确定基准。

在"成本谈判能力"方面，要灵活运用成本测算基准、成本明细表，共同进行价值工程（Value Engineering，VE）提案活动。

在"与采购和外包供应商签约"方面，不仅要将漏洞和舞弊防患于未然，还必须从履行社会责任方面考虑签订合适的协议。但现实中往往存在沿袭习惯做法而不签订必要合同的情况，因此要确认操作程序及基准的完善程度，以及遵守法律法规的状况。

★ "采购和外包供应商的选定和缔约"包括以下管理要点：

①采购和外包供应商的选定

②采购和外包供应商管理的成本交涉能力

③与采购和外包供应商签约

①采购和外包供应商的选定

确认的主要内容有：选定标准、选定手册及其贴切性；选定标准、选定手册及对遵守状况进行管理监督的机制；选定标准、选定手册及对遵守状况进行管理监督的组织体制；供应商选定机制的改进及业务中违规行为的预防。

在"选定标准和选定手册的贴切性"方面，需要确认的内容有：采购和外包供应商选定基准和手册是否与上层方针保持了一致性；与 QCDES（质量、成本、数量、交期、环境、安全）和技术能力等相对应要件是否都得以定量化和数值化；是否无遗漏地囊括了决策人、日期、现场确认等内容。具体参照表 3-5-1。

表 3-5-1　采购和外包供应商的选定

对标指南	确认对象	确认内容和方法	详细确认项目 （检查、沟通、指导）
a. 选定标准、手册	部门负责人	确认选定基准与手册。听取。	□有明确的采购和外包供应商选定基准和手册
b. 选定标准、手册的贴切性、与方针的一致性、QCDES、技术能力等、选定范围（区域、功能等）、明确的日期及决策人	↑	确认基准与手册、公司、部门方针。听取。	□采购和外包供应商选定基准和手册是基于公司方针制定的
			□选定基准和手册是对QCDES和技术能力等要件进行了定量化、数值化的综合性文件
			□选定范围包括海外供应商和新开发的供应商
			□明确记载了选定日期、决策人和现场确认等内容
c. 对选定标准、手册及其遵守状况进行监督管理的组织机制和体制	↑	确认管理体制和组织机构图等。听取。	□对选定基准和手册进行检查、校正、跟踪
			□对选定标准和手册的遵守状况进行管理监督的组织体制已经发挥作用
d. 选定机制的完善与业务脱轨行为的防范	↑	确认改进、改善和跟踪的机制是否能够发挥作用，是否能够防止非法、不正当采购和压价采购等行为。听取。	□对选定基准和手册及其遵守状况的管理监督组织体制进行定期改进、改善和跟踪
			□部门负责人（部长）将有关供应商选定的所有机制、组织体制作为日常业务加以落实，并使其发挥作用；做到了对越轨操作（非法、不正当行为、压价采购等）防患于未然

②成本交涉能力

必须严格谨慎地推进采购业务，不可把成本交涉错误地看作强行压价。真正的成本谈判能力，是指在充分理解本公司和供应商的基础上，找出使双方利益最大化的条件，同时还要形成买方优势。

确认的要点有：成本计算标准、成本明细表及其贴切性；成本计算基准、成本明细表的维护修订规定及对维护规定的遵守管理；成本测算基准、成本明细表以外的与成本谈判相关手册、工具、机制和体制；成本谈判的全部规定、手册、工具、机制和体制的修订改善，以及脱轨操作的预防；与供应商共同实施的 VE 提案活动。具体参照表 3-5-2。

表 3-5-2　成本交涉能力

对标指南	确认对象	确认内容和方法	详细确认项目 （检查、沟通、指导）
a. 成本计算标准、成本明细表及其贴切性	部门负责人（部长）	确认成本计算基准、成本明细表和修改、废弃基准书等。听取。	□有成本计算基准和成本明细表
			□设法将成本计算基准和明细表按设计、制造、采购、供应商、国内、国外进行分类，使其更加方便使用

对标指南	确认对象	确认内容和方法	详细确认项目 （检查、沟通、指导）
b. 成本计算基准、成本明细表的维护修订规定及对维护规定的遵守管理	↑	确认规定、手册及其维护修订管理机制和组织体制。 听取。	□具备成本计算基准和成本明细表的编制、修订和废弃的相关规定 □具备对成本计算标准和明细表进行维护修订的组织机制
		确认维护修订的实例。	□对成本计算基准和明细表的贴切性及其是否按照维护修订规定进行实施的监督管理机制发挥作用
c. 成本测算基准、成本明细表以外的与成本谈判相关手册、工具、机制和体制	↑	确认手册、工具、机制体制与实际成果实例。 听取。	□具备成本计算基准和明细表以外的有关成本谈判的手册、工具和体制体系
d. 有关成本谈判的全部规定、手册、工具、机制和体制的修订改善，以及脱轨操作的预防	↑	确认成本谈判的改进完善机制、体制。提问并确认改善实例。	□对成本谈判的所有规章制度、手册、工具、组织机制和体制进行定期修订和完善的组织体制已经发挥作用
		确认有关成本谈判的所有的组织机制是否都制成了清单，并且是否都得以固化和发挥作用。 听取。	□部门领导将有关成本谈判的所有机制、组织体制作为日常业务加以落实并使其发挥作用，防范越轨操作（非法、不正当行为、压价采购等）

（续表）

对标指南	确认对象	确认内容和方法	详细确认项目 （检查、沟通、指导）
e. 与供应商共同实施的 VE 提案活动	↑	确认组织、体制、推进实例及其成果。 听取。	□ 具备与供应商共同实施 VE 活动的推进组织和体制
			□ 有效地共同实施 VE 活动，无论是质量还是数量上，成果都越来越显著

③与采购和外包供应商签约

确认要点是：有关签约的规定、手册及其贴切性；签约准备的应对体制；与采购和外包供应商签约的贴切性及论证；预防不合法、不合规、不合程序以及脱离监管。

具体确认以下内容：合同签约规则和程序的明确性；交易主合同、质量保证合同、保密义务等协议内容的准备；法律法规限制项目的掌握与验证；合同签约规则和程序的遵守；向交易伙伴提供必要信息及信息管理。同时，还要现地现物确认和判断以下内容：对所有针对采购和外包供应商的交易主合同、质量保证合同、保密合同、个别合同的签订、合同条款、适用法规的遵守状况进行检查监督的机制是否完备。具体参照表3-5-3。

表 3-5-3　与采购和外包供应商签约

对标指南	确认对象	确认内容和方法	详细确认项目 （检查、沟通、指导）
a. 有关签约的规定、手册及其贴切性、详细信息记录 ·对规定、手册及其遵守状况的管理监督 ·进行修订改善的机制	部门负责人	确认合同手册、交易合同程序文件以及对其遵守情况进行管理监督的组织机制、修订改善的机制。听取。	□具备包含有关签约程序和规则的相关规定和手册
			□在上述规定或手册中，有关法律的遵守和交易上对本公司有利或不会导致本公司处于不利的条件、条款都得以明确（图纸的读法、索赔补偿等）
			□对有关签约的规定、手册、法律及遵守交易合同程序等方面进行管理监督的组织机制和体制进行修订改善的组织机制已经发挥作用
			□对上条中提到的管理监督机制有修订改善的制度
b. 进行合同准备和应对的组织体制	↑	确认有关进行合同准备和应对、公司信息管理的组织体制。听取。	□有关与采购和外包供应商签约的准备和应对（法律适用和手册、表格类的维护修订等）组织体制已经发挥作用
			□与外公司的交流机制、本公司的信息管理机制均已发挥作用

（续表）

对标指南	确认对象	确认内容和方法	详细确认项目 （检查、沟通、指导）
c. 与采购和外包供应商的合同的贴切性及其把握和验证、法律法规要求项目、合同负责人、签约前由专业部门进行确认、合同对象	↑	确认合同负责人、有关合同的法律要求条款把握验证的具体实例。听取。	□和本合同或交易有关的所有法律条款验证机制发挥作用
			□确定基本交易合同、个别合同等各类合同对应责任人的组织机制发挥作用
		确认接受过专业部门和专家检查审核的交易合同实例。听取。	□合同签约前，请专业部门或专家检查审核了法律适用范围、要点和风险
		抽检具体实例。	□与所有供应商均签定了交易主合同、质量保证合同、保密合同及其他必要的个别合同
d. 法律适用、合同手册、合同程序与采购和外包供应商的合同条款的遵守管理和监查，以及对不正当和脱轨行为的预防。	↑	确认合同条款执行管理组织图，提问。进而抽样检查合同条款的执行管理与监查情况。	□供应商合同条款执行监督机制发挥作用
			□部门领导委托其他部门审查合同的合法性、手册、程序内容及供应商合同条款的执行监督等所有机制体制，防止出现脱轨行为

06 | 对采购和外包供应商的把握和评价

在根据企业的采购方针战略开发新供应商和进行指导时，需要准确把握评价并对其进行分级。

确认的主要内容：把握分析包括供应商高层的人品和经营思想在内的"供应商经营方针"和"供应商经营管理指标"；确认包括二级供应商（向己方供应商供货的供应商）在内的"供应商生产规模与能力"，涵盖生产能力与开发能力的"供应商技术能力"。

此外可以抽查部长、科长和一线责任人是如何进行"采购和外包供应商评价"的，确认是否理解评价的目的（决不可将评价工作自身当作目的）。

★ "对采购和外包供应商的把握和评价"包括以下管理要点：

①采购和外包供应商的经营方针

②采购和外包供应商的经营管理指标

③采购和外包供应商的生产规模和能力

④采购和外包供应商的技术能力

⑤采购和外包供应商的评价

①采购和外包供应商的经营方针

在把握供应商情况方面，首先必须准确把握供应商高层的人品、指导思想和经营方针（年度计划）。由于供应商高层的人品和指导思想对其公司的经营方针有很大影响，把握供应商的思想尤为重要。

要了解采购和外包供应商经营方针的机制及其贴切性，对其进行分析评价，充分运用分析评价的结果推进本公司和供应商的管理改善，同时对运用方法不断修正和改善。

具体的确认内容有：是否具备对供应商的经营方针进行把握分析评价的机制；采购责任人是否掌握主要供应商的经营方针和经营者的人品；是否有对其经营指标和经营方针的关联性分析评价并将评价结果用于管理改善。具体参照表 3-6-1。

表 3-6-1 采购和外包供应商的经营方针

对标指南	确认对象	确认内容和方法	详细确认项目 （检查、沟通、指导）
a. 搜集和把握的组织机制及其贴切性	部门负责人	确认把握供应商经营方针的机制。听取。	□具备能够随时搜集和掌握供应商经营方针、年度计划的机制
	部门负责人、主管科长、责任人	随意抽选部长、科长或责任人进行提问。	□部长、科长等责任人不仅要充分理解供应商的经营方针和年度计划等，还要了解供应商高层的思路、理念、构想及人品
b. 分析评价及其贴切性 ·中长期经营计划 ·经营战略 ·经营课题	部长或主管科长	确认分析的、基准和方法以及实例。	□对于重点供应商的中长期经营计划和经营方针的内容和关系进行了分析评价
			□对于重点供应商的经营方针和经营战略的内容和关系进行了分析评价
c. 分析评价结果运用于本公司和采购和外包供应商管理改善，以及运用方法的完善	↑	确认组织体制表、系统关联图、应用推进及改进完善的实例等。听取。	□将分析评价结果运用于本公司和供应商管理改善的机制已经奏效
			□促进上述分析结果应用于本公司及供应商管理改善的推进体制已经奏效
			□对运用分析结果的组织机制体制进行改善的机制已经奏效
			□具备将上述分析结果加以运用的全公司系统，且与成本信息、成本明细表、风险管理系统等保持连通

172

②采购和外包供应商的经营管理指标

把握和分析供应商的经营管理指标，对于提高成本信息管理水平、提高风险管理水平以及推进本公司和供应商的管理改善，是不可或缺的。

确认的要点有：供应商经营管理指标的搜集和把握的机制及其贴切性；分析评价的贴切性；将分析评价运用于本公司和供应商的管理改善以及运用手法的改善。

具体确认内容有：是否具备随时收集供应商的财务报表、贷款明细、交易条件、资本关系等经营指标的机制，是否具有按时间顺序（3 年以上的相关资料）分析评价的体制。具体参照表 3-6-2。

表 3-6-2　采购和外包供应商的经营管理指标

对标指南	确认对象	确认内容和方法	详细确认项目 （检查、沟通、指导）
a. 搜集和把握的机制	部长（主管科长）	确认供应商的经营管理资料和进行搜集把握的组织机制。听取。	□具备实时搜集与把握采购和外包供应商经营管理指标的组织机制

对标指南	确认对象	确认内容和方法	详细确认项目 （检查、沟通、指导）
b. 分析评价及其贴切性、项目、方法与判定标准	↑	确认分析评价项目、基准和方法，以及实例。	□可实时搜集和把握主要供应商的经营管理指标并进行分析评价的组织机制已经发挥作用
			□（1）经营数字
			□（2）资金关系（贷款明细等）
			□（3）交易条件关系
			□（4）资本关系
			□（5）QCDES 管理指标
			□按时间顺序（3 年以上的相关资料）对经营管理指标进行了分析评价
c. 将分析评价结果有效利用于公司和供应商的管理改善，并对其运用方法进行改进和完善	↑	确认组织体制表、系统关联图、改善实例。听取。	□将分析结果应用于采购和外包供应商管理改善的机制已经奏效
			□促进将上述分析结果应用于采购和外包供应商的管理改善的组织体制已经奏效
			□对分析结果的应用体制进行改进完善的机制已经奏效
			□具备将上述分析结果加以运用的全公司系统，且与成本信息、成本明细表、风险管理系统保持连通

③采购和外包供应商的生产规模与能力

为了实现低成本稳定供给和应对生产变动，必须把握、分析、评价供应商的生产规模和能力。

确认的要点有：搜集和掌握供应商生产规模和能力信息的机制及其贴切性；分析评价的贴切性；将分析评价结果用于管理改善及运用方法本身的改善。

具体确认内容有：是否具备实时把握所有供应商的工厂地理位置信息、生产设备与设备能力、人员规模及其构成、二级供应商的生产规模等信息的机制；是否对供应商通过现场考察把握生产规模和能力的实际状况并进行分析评价，且能够将评价结果运用到本公司和供应商的管理改善中。具体参照表 3-6-3。

表 3-6-3　采购和外包供应商的生产规模与能力

对标指南	确认对象	确认内容和方法	详细确认项目 （检查、沟通、指导）
a. 信息收集和把握的机制及其贴切性	部长（主管科长）	确认生产规模、能力的相关资料。 听取。	□具备实时搜集并把握采购和外包供应商生产规模、能力的机制
		确认具体实例。	□针对重要事项，在采购和外包供应商处进行现地现物的确认和把握实际状况的组织机制是否发挥作用

对标指南	确认对象	确认内容和方法	详细确认项目 （检查、沟通、指导）
b. 分析评价 及其贴切性、 工厂的地理 条件、设备 能力、把握 人员结构、 二次供应商	↑	确认分析评价 的项目、基准、 方法以及实例。	□掌握、分析和评价主要供 应商的生产规模和能力
			□（1）工厂的地理位置 条件
			□（2）设备台数、最大能 力和生产状态
			□（3）应对生产变动的灵 活性（人员结构、正式员 工、合同工比率等）
			□（4）二级供应商的数量、 生产能力和合同状态
			□按时间顺序（3年以上的 相关资料的走势）分析评价 了生产规模和能力
c. 将分析评 价结果运用 于本公司和 供应商的管 理改善，及 运用方法的 改善	↑	确认组织体制、 应用推进及修 订完善的实例。 听取。	□将分析结果应用于采购和 外包供应商管理改善的机制 已经奏效
			□促进将分析结果应用于本 公司采购和外包供应商的管 理改善机制已经奏效
			□有对上述管理改善机制进 行完善的制度
			□具备分析与活用上述分析 结果的全公司性的系统，且 与成本信息、成本明细表和 风险管理系统保持连通

④采购和外包供应商的技术能力

在挑选和确定新的供应商或加工厂家时，必须充分掌握对方的包括生产能力和开发能力在内的综合技术能力。

确认的要点有：搜集和把握供应商技术能力信息的机制及其贴切性；分析评价的贴切性；分析评价用于管理改善及运用方法的改善。

具体的确认内容有：是否在主要供应商的现场确认了其研发能力（设计和研发人数）、改善能力（工艺和制造系统的技术人员数量）、独特技术及设备技术应对能力；是否按时间顺序（3 年以上）进行了分析评价；评价结果是否能够使本公司和供应商的管理得到改善。具体参照表 3-6-4。

表 3-6-4　采购和外包供应商的技术能力

对标指南	确认对象	确认内容和方法	详细确认项目 （检查、沟通、指导）
a. 信息收集机制及其贴切性	部门负责人	确认有关供应商技术信息的资料以及把握此类信息的机制。 听取。	□具备实时搜集、掌握供应商技术信息的机制
		确认具体实施事例。	□针对重要事项，在采购和外包供应商处进行现地现物的确认，并把握实际状况

对标指南	确认对象	确认内容和方法	详细确认项目 （检查、沟通、指导）
b. 分析评价 及其贴切性 ·研发人员 ·改善人员 ·专利技术 和设备 ·技术应对 能力	↑	确认分析评价 项目、基准、 方法和具体 实例。	□掌握、分析和评价了主要 供应商的技术能力信息
			□（1）从事开发的人员数 量（研发、设计、工艺）
			□（2）从事改善的人员数 量（生产人员、改善骨干、 技术人员）
			□（3）采购和外包供应商 的自主技术及设备（技术水 平示意图、专利申请数量）
			□（4）新技术应对能力（与 本公司的技术合作可行性）
			□按时间顺序（3年以上的 相关资料）对采购和外包供 应商的技术能力进行分析 评价
c. 分析评价 结果运用于 公司和供应 商的管理改 善及运用方 法的改进、 完善	↑	确认组织体制 表、系统关联 图、应用的推 进及改进与完 善方面的实例。 听取。	□将分析结果应用于采购和 外包供应商的管理改善机制 已经奏效
			□促进将分析结果应用于采 购和外包供应商的管理改善 的机制和体制已经奏效
			□对将分析结果加以运用的 组织机制和体制进行改善的 组织机制已经奏效
			□已具备全公司性的信息分 析应用体系，且与成本信息、 成本明细表和风险管理系统 等保持连通

⑤采购和外包供应商的评价

为切实有效地实施供应商管理，须根据目的对采购和外包供应商进行恰当的评价和分级。

确认要点有：理解和贯彻对供应商进行评价的目的；评价的基准、规则、程序；评价的组织体制；评价的恰当性；评价结果运用于本公司及供应商的管理改善及运用方法的完善；根据评价实施改善并确认改善效果。

具体确认内容有：出于何种目的进行供应商评价；是否理解和贯彻了不可将评价活动本身作为目的的精神；是否有依据恰当的基准、原则和程序进行评价的组织机制；供应商评价机制是否达到稳定和发挥作用。具体参照表3-6-5。

表 3-6-5　采购和外包供应商的评价

对标指南	确认对象	确认内容和方法	详细确认项目 （检查、沟通、指导）
a. 评价目的的理解与贯彻	部门负责人	确认对评价目的的理解，以及显示所采取行动的具体实例。	□已使部长、科长和责任人充分理解对供应商评价之目的
			□确认和验证部门全体人员能够正确理解评价目的的组织机制和体制已经发挥作用
	部长、科长和责任人	抽样检查是否能够正确回答评价目的。	□部长、科长和责任人理解评价目的

对标指南	确认对象	确认内容和方法	详细确认项目 （检查、沟通、指导）
b. 评价标准、规则和程序	部门负责人	确认基准、规则和程序类文件等资料。 听取。	□对采购和外包供应商进行评价（分级）的基准、规则、程序形成了手册
c. 评价的组织体制	↑	确认组织体制表、评价表。 听取。	□具备基于对采购和外包供应商把握和分析的结果进行评价（分级）的组织体制
d. 评价的合理性	↑	确认进行评价分级的实施程序及实例。	□验证评价、分级是否合理的组织机制能够发挥作用
			□与相关部门联合，在全公司层面进行对采购和外包供应商的评价和分级
e. 分析评价结果运用于公司和供应商的管理改善及运用方法的改进完善	↑	确认组织体制表、系统关联图、应用推进及修订改善的实例。 听取。	□将评价结果应用于采购和外包供应商的管理改善机制已经奏效
			□是否有对上述管理改善机制进行完善的制度
			□具备全公司性的信息分析应用体系，且与成本信息、成本明细表和风险管理系统保持连通
f. 依据评价确认改善的效果，对评价的反思和对采购和外包供应商评价的组织机制的稳定化	↑	确认评价反映到对后面的供应商的评价的实例，以及对其改进、改善的实例。	□确认依据评价所进行改善的效果，进行反思评价，并将其反映到以后对采购和外包供应商的评价中
			□部门负责人定期对有关评价的基准、规则、程序以及组织机制、体制进行修订改善，使对采购和外包供应商的评价机制能够稳定发挥作用

07 | 与采购和外包供应商的合作

与供应商的密切合作是供应商管理的出发点。

从全球化、最佳采购、共同开发、IT 化、变化和扩大合作形态、范围等视点，与采购和外包供应商合作。

主要的确认内容有：包括 EDI（电子数据交换）、EOS（电子订货系统）IT 化与信息共享在内的供应商交流沟通机制；与供应商共同成长的战略伙伴关系；对供应商指导援助；对供应商的改善进行评价的机制。

★ "与采购和外包供应商的合作"包括以下管理要点：

①采购和外包管理的交流沟通

②与采购和外包供应商的伙伴关系

③对采购和外包供应商的指导援助

④对采购和外包供应商的改善进行评价

①采购和外包管理的交流沟通

双向的交流沟通是与供应商合作的基础，是构筑与供应商密切关系的重要要素。

确认要点有：与采购和外包供应商交流沟通的机制；交流沟通的恰当性；交流沟通的应用机制及其促进体制；应对用机制及其促进机制的改进与完善。

确认具体内容有：是否有高层经营人员的定期信息交流会；供应商的信息共享是否已实现；在经营信息、行业信息、生产信息、生产进度信息、技术信息等方面与供应商之间是否有广泛而活跃的信息交流。具体参照表3-7-1。

表 3-7-1　采购和外包管理的交流沟通

对标指南	确认对象	确认内容和方法	详细确认项目（检查、沟通、指导）
a. 交流沟通的机制和体制	部门负责人	确认组织体制图、系统关联图和具体事例等。听取。	□具备同采购和外包供应商交流沟通的组织机制
b. 合理的交流与沟通 ·经营高层人员的信息交流 ·信息共享 ·内容	↑	↑	□定期举行本公司和供应商之间的领导层信息交流会
			□采购和外包供应商与本公司之间随时沟通各自公司的方针、战略、年度计划、主题计划等

(续表)

对标指南	确认对象	确认内容和方法	详细确认项目 (检查、沟通、指导)
			□与采购、外包供应商之间通过实现 EDI、EOS 的网络化，实现了信息共享
			□(1)经营信息
			□(2)行业信息
			□(3)生产信息
			□(4)生产进度信息
			□(5)技术信息
			□与采购和外包供应商以外其他企业也在广泛进行沟通交流和信息交换
c. 灵活运用沟通交流的机制及推进体制	↑	↑	□具备灵活运用信息交换、沟通交流的机制
			□促进沟通交流得以灵活运用的机制已经发挥作用
d. 应用机制及推进体制的改进与完善	↑	↑	□对信息交换、沟通交流加以灵活运用机制及其推进体制进行定期的改进、改善的组织机制已经发挥作用

183

②与采购和外包供应商的伙伴关系

与采购和外包供应商的伙伴关系，根据双方的合作程度，可分为"完全内部序列型"、"协作型"和"开放型"等。相关部门必须根据公司的采购方针战略，确定符合与供应商合作关系程度的对应方法。

本项的确认要点有：有伙伴关系的方针及贯彻；伙伴关系方针展开的恰当性；伙伴关系的评价机制和改善；伙伴关系机制的稳定化及成果。

确认的主要内容有：是否针对伙伴关系确定了明确的方针战略，并使全员透彻理解；对于完全内部序列型和协作型而言，协作关系是否强有力，并覆盖了共同开发、专利使用制度、资金援助、人才交流、设备租借、提案制度等广阔领域；对于开放性的协作关系，是否始终基于 QCDES（质量、成本、交期、环境、安全）和技术挑选和确定最佳供应商。具体参照表 3-7-2。

表 3-7-2　与采购和外包供应商的伙伴关系

对标指南	确认对象	确认内容和方法	详细确认项目（检查、沟通、指导）
a. 伙伴关系的方针及贯彻	部门负责人	确认有关伙伴关系的方针、战略。听取。	□公司相关部门具备明确的有关采购和外包供应商伙伴关系的方针、战略（定义、思路、中期计划等） 合作思路示例： （1）明确了"完全内部序列型（集团公司子公司对象、公司有注资的企业系列）"的定义、范围和对象 （2）明确了"协作协会型（不注入资本）"的定义、范围和对象 （3）明确了"开放型（无制约条件)"的定义、范围和对象
	部长、科长和数名责任人	抽样检查方针的理解度和周知的广度。	□部门负责人使科长及各责任人全员贯彻供应商伙伴关系方面的方针战略
b. 伙伴关系的方针、战略展开的恰当性	部门负责人	确认方针、战略的推行情况。提问。进而抽样检查具体实例。听取。	□（1）完全内部序列型的伙伴关系稳固有力，合作内容涉及范围广泛（共同开发、专利利用、资金援助、人才交流、设备出借、提案制度等）
			□（2）协作协会型的伙伴关系稳定有力，合作内容广泛
			□（3）在开放型伙伴关系方面，具备经常能够选定在技术、QCDES 等方面的最佳伙伴的机制（例如采购物品的招标制度）

对标指南	确认对象	确认内容和方法	详细确认项目 （检查、沟通、指导）
			□（3）在开放型伙伴关系方面，选定新的采购和外包供应商的机制、体制已经发挥作用
c. 伙伴关系的评价机制及修订改善	↑	确认公司的伙伴关系评价的项目、基准、方法和实施实例等。 听取。	□对公司合作伙伴战略是否有助于公司各部门的方针推行和完成目标进行定量评价的机制能够充分发挥作用
		确认改进完善合作机制的具体实例。	□有关伙伴关系的组织机制的改善机制已经发挥作用
d. 合作机制的固化及其效果	↑	确认对伙伴关系机制的评审及效果等资料与具体实例。 听取。	□部门负责人对有关伙伴关系的方针战略进行评价、反思、改善，使该方针在公司各部门得以推行并取得成果

③采购和外包供应商的指导与援助

为了实现 QCDES 和技术要求，实现供应商的稳定供货，需要实施对供应商的指导与援助。

对供应商的指导与援助并非一朝一夕，必须从培养人的角度出发，有计划地、持续地、坚定不移地推行。具体参照表 3-7-3。

确认的要点有：对供应商指导援助的计划、实施和进度管

理；指导援助的体制及其恰当性、持续性；指导援助活动相关
机制的固定化。

表 3-7-3　采购和外包供应商的指导与援助

对标指南	确认对象	确认内容和方法	详细确认项目 （检查、沟通、指导）
a. 指导、援助活动的计划、实施与进度管理	部门负责人	确认组织体制表、援助计划和实绩资料，提问（如有可能也要对采购和外包供应商进行提问）。	□设定了对采购和外包供应商进行指导、援助的计划和目标
			□有与公司、部门方针指标相整合的、针对每个采购和外包供应商的指导援助实施计划
			□实施指导援助计划的组织机制已经发挥作用
		确认进度管理的计划、实绩，听取。	□对指导援助进行进度管理和跟进的组织机制已经发挥作用
b. 指导援助体制及其贴切性、持续性	↑	确认组织体制表、援助计划和实绩资料、成果和实施事例。听取。	□有指导援助的组织体制
			□明确指导援助目的、目标，实施体系化的指导工作（□经营□技术□质量□成本□数量、交期□生产现场）
			□从中长期持续进行指导援助的思路出发，进行了持续的有计划的实施
			□对指导援助体制（骨干、工具、创造氛围等）进行质量、数量上的改善的机制已经发挥作用
			□指导援助体制（骨干、工具、场所等）逐年完善

对标指南	确认对象	确认内容和方法	详细确认项目 （检查、沟通、指导）
c. 指导援助活动的评价机制	↑	对确认、评价的项目、标准、方法和实施实例进行确认。听取。	□确认并评价指导援助目标达成情况及其流程的贴切性、有效性的机制已发挥作用
d. 指导援助体制的改进完善机制及安定化	↑	确认对该机制进行改善及成果等的具体实例。听取。	□对指导和援助机制进行改善的机制已经发挥作用
			□部门负责人促进有关指导、援助的全部机制体制的固定化并使其发挥作用，促进其对公司目标和部门目标的实现发挥推动作用，取得成果

④对采购和外包供应商的改善进行评价

为了确认对供应商的指导援助是否取得了成果，须对供应商的改善状况作出评价，并将评价反映到以后的指导活动中。

确认的要点是有：对供应商改善评价机制的恰当性；改善程度评价的水平；对供应商制定的改善计划和目标进行改善程度评价；表彰的基准和制度；改善对改善程度进行评价的机制。

确认的主要内容有：是否有对供应商进行评价的基准方法和组织机制；是否按照时间顺序对评价项目（包括经营改善水

平、技术改善水平、质量改善水平、现场改善水平、成本改善水平）进行了分析评价；是否广泛掌握供应商的改善计划、目标和进度管理状况；表彰制度和改善程度评价如何。具体参照表 3-7-4。

表 3-7-4　对采购和外包供应商的改善进行评价

对标指南	确认对象	确认内容和方法	详细确认项目 （检查、沟通、指导）
a. 改善程度评价机制的恰当性	部门负责人	确认评价项目、基准、方法、组织体制表、评价表等。 听取。	□确定了明确的对改善程度进行评价的项目、基准、评价方法
			□公示了评价改善的基准
			□有明确的改善程度评价、（分级的）组织体制
b. 改善评价的水平	↑	通过个别资料确认内容和事例。 听取。	□（1）经营的改善程度
			□（2）技术的改善程度
			□（3）质量的改善程度
			□（4）成本的改善程度
			□（5）交货期的改善程度
			□（6）生产效率的改善程度
			□对上述项目以外的项目改善程度广泛进行评价
			□按时间顺序评价改善

对标指南	确认对象	确认内容和方法	详细确认项目 （检查、沟通、指导）
c. 对供应商拟定的改善计划和目标进行改善程度的评价及其进度管理	↑	确认个别改善计划、进度管理资料和具体实例。 听取。	□已建立对采购和外包供应商改善计划进行把握的机制
			□对上述改善计划和目标进行改善程度评价（不涉及是否进行援助）、进度管理和跟踪检查的组织机制已经发挥作用
d. 表彰的基准和制度	↑	确认表彰的基准等资料。 听取。	□设定了公司层面和每个部门层面的分项表彰制度
			□公开表彰基准和规则
			□持续实施表彰制度，使其成为固定制度
e. 改善程度评价机制的改进与完善	↑	确认进行改进改善的具体实例。 听取。	□对改善程度评价的基准、评价方法、规则和组织机制进行定期修订的机制能够发挥作用

08 订货交货的物流管理

订货交货的物流管理，"准时化"（Just In Time，简称 JIT，即在必要的时候仅按必要的数量生产和搬运必要的物品）是基本原则。

企业及相关部门应基于现地现物的原则，对以下内容进行确认：在"订货交货的指令"方面，不是所订材料部件在使用前到货就可以，而是有 JIT 的组织机制；在"到货状态"方面，不仅要看包装样式，还要看是否进行了交货效率的改善，是否达到了恰当的批量规格的要求，以及是否考虑了环境保护的要求；在"物流管理"方面，是否实现了生产物流信息的管理、环保方面的贡献对应和物流的 JIT，而非仅仅追求物流效率；在"供给品的管理"方面，确认包括知识产权和图纸、软件在内的广义的支付物是有偿还是无偿、如何盘点等方面的机制和体系是否健全，相关部门是否严格遵守了规则和程序；在"交期管理"方面，是否有对于交货延迟追查原因、防止再次发生的机制。

★ "订货交货的物流管理"包括以下管理要点：

①订货指令、交货指令

②交货状态

③物流管理

④供给品管理

⑤交期管理

①订货指令、交货指令

如果发出订货交货的指令不当，就会在现场管理上造成交期延迟或者库存过多等诸多问题。

确认的要点有：关于订货交货的管理和针对遵守状况的管理；交货指令的机制及其恰当性；库存管理机制；紧急状况应对指南及其恰当性；对紧急状况应对指南及其遵守状况进行管理监督的机制。

以现地现物的方式确认以下内容：是否将相关法律法规、订货规则、程序落实到了操作要领书中；订货原则和程序的管理监督机制是否完善，交货指令的机制是否健全；是否实行了JIT的库存管理，对紧急状况应对指南及其遵守状况进行管理监督的机制是否完善。具体参照表 3-8-1。

表 3-8-1　订货指令、交货指令

对标指南	确认对象	确认内容和方法	详细确认项目 （检查、沟通、指导）
a. 对订货、交货的管理规定及遵守状况的管理	部门负责人	在业务现场确认对相关法律法规的遵守情况、订货管理规定、与订货有关的资料。听取。	□在操作要领书（程序文件）中落实了相关法律法规、订货规则、程序、订货方式的选择方法等内容
			□有全公司范围内的订货、交货的管理规定
			□对于订货、交货的管理规定（尤其是相关法律法规）的遵守情况进行管理监督
b. 交货指令的机制及其恰当性	↑	在业务现场确认订货、交货的相关程序、机制以及防止问题发生的机制。提问，进而抽样确认事例。	□在规定的时间内、按规定的程序发出交货指令的组织机制已经发挥作用
			□交货指令已经实现了电子化
			□防止由订货相关系统、交货信息（预测信息、确切信息、月度计划、周度计划等）和交货指令引起问题的组织机制体制已经发挥作用（没发生未交货、交货延误、误送零部件、放置场地不足、生产线等待等）
c. 库存管理的机制	↑	在业务现场确认组织机制。听取。	□JIT 的库存管理组织机制已经发挥作用，如能够按照零部件编号把握必要库存数量等

对标指南	确认对象	确认内容和方法	详细确认项目 （检查、沟通、指导）
d. 紧急状况应对指南及其适用性	↑	在业务现场确认与交货相关的紧急状况应对手册。 听取。	□制作了有关订货、交货的紧急状况应对手册
			□在订货、交货的紧急状态应对指南手册中，明确标识正常与异常的区别，明确记载了对各种不同程度的异常进行处理的责任人、时间、现场确认等条目
e. 对紧急状况应对指南及遵守状况进行管理监督的机制以及对该机制本身的改善	↑	在现场，检查交付应急预案、组织体制及改进实例。 听取。	□订货、交付应急预案跟踪检查改进机制已发挥作用
			□订货、交付应急预案执行监督管理机制已发挥作用
			□定期对紧急应对订货、交付预案的检查、改进和跟踪，以及对其遵守情况进行监督管理的机制进行改善

②交货形态

在交货形态方面，不仅要求包装样式的恰当性，对交货效率、恰当的批量规格以及环保等也要有很高的要求。

确认的要点有：交货的包装样式基准规格及其恰当性；交货包装样式的基准规格及其遵守状况的管理监督机制；交货状

态及改善活动。

以现地现物的方式确认以下内容：是否提供了交易对方要求的批量规格；是否遵守了包装形态、运送装载等方面的基准和规格要求；是否考虑了容器再利用等环保因素；是否定期检查、改进和跟踪到货包装样式的基准和规格；是否已在全公司推进短期交货和低成本交货的改善活动。具体参照表3-8-2。

表 3-8-2　交货形态

对标指南	确认对象	确认内容和方法	详细确认项目 （检查、沟通、指导）
a. 交货形态的基准规格及其贴切性	负责人	在业务现场确认交货形态的基准、规格及验证机制。听取。	□具备涵盖产品、半成品、零部件的批量规格、包装样式、运输时的装载方法等交货包装式样内容的基准、规格
			□交货包装式样的基准、规格是按照能够满足批量规格仅为"1"的条件确定的
			□交货包装样式的基准优先考虑再利用、再循环、废弃物处理方式等对环境的保护
			□确认并检查需要遵守的相关法律法规、环境、安全、质量方面的必要事项毫无遗漏地纳入了交货包装式样的基准和规格

对标指南	确认对象	确认内容和方法	详细确认项目（检查、沟通、指导）
b. 交货包装样式的基准、规格及其遵守状况的管理监督机制	↑	确认组织机制、管理组织体制，提问，进而抽样调查遵守状况的管理和改进改善的实施事例。	□对交货包装样式的基准、规格进行检查、纠正和跟踪的体制能够发挥作用
			□对交货包装样式基准、规格的遵守状况进行管理监督的体制能够发挥作用
			□对包括交货包装样式的基准、规格及其遵守状况、以及有关交货包装样式有关的机制定期进行重估改善的机制能够发挥作用
c. 交货形态及其改善活动	↑	确认实施实例。	□实施了短交期、低成本的交货形态（共用仓库、中转仓库等）
			□在全公司层面推进与交货形态有关的质量、成本、交期、安全、环境等方面的改善活动

③物流管理

物流管理的目的不仅仅是追求物流效率，还必须在对生产信息进行管理和考虑环境保护的基础上构筑准时化的物流。

确认的要点有：物流管理规定及其贴切性；物流管理规

定及对其遵守状况进行管理监督检查的机制；物流机制及其改善评价机制；实施准时化物流。

以现地现物的方式确认以下内容：是否在优先考虑安全、环境的前提下进行物流管理；物流管理规定的检查、修订和遵守的机制是否完善；协同物流、混装、包装的标准化、充分利用运输班次、直接交货等高效物流方式是否得以实施；是否有推行准时化物流的组织体制。具体参照表3-8-3。

表3-8-3　物流管理

对标指南	确认对象	确认内容和方法	详细确认项目 （检查、沟通、指导）
a. 物流管理规定及其贴切性	负责人	确认物流管理规定。 听取。	□有确定了物流基准、规则、程序的管理规定
			□物流管理规定优先考虑了应遵守的相关法律法规、安全、环境保护方面的要求
b. 物流管理规定及对其遵守状况进行管理监督的机制	↑	确认物流管理的机制和管理体制。提问，进而抽样确认对遵守状况的管理以及修订改善的实施事例。	□对物流管理规定进行检查、修正、跟进的组织机制已经发挥作用
			□对本公司以及采购和外包供应商是否遵守本公司的物流管理规定进行管理监督
			□对采购和外包供应商的物流管理规定及其遵守状况检查、修正和跟进的机制进行重估改善

对标指南	确认对象	确认内容和方法	详细确认项目 （检查、沟通、指导）
c. 物流管理机制及其改善评价机制	↑	确认物流的机制及物流改善效果的评价体制。 提问，进而抽样检查实施的实例。	□建立了准时化、短交期、低成本的物流机制和体制（□协同、混载□全车满载□挤牛奶方式□包装的规范化□本公司运输班次□直接交货□其他）
			□对物流的 QCDES 和物流机制进行改善
			□基于评价基准，对物流改善的效果定期进行确认与评价
d. 推行准时化物流	部长（主管科长）	确认物流系统及其提高水平的思路、推进计划和体制。 听取。	□建立了推行准时化物流的组织体制
			□建立了推进物流信息的管理系统和信息网络化的组织体制
			□在准时化物流中，推进统合了包括 IT 网络和运行模拟系统等在内的物流系统

④供给品管理

针对向外包供应商提供的模具等生产设备，以及包括知识产权、图纸、软件在内的广义的供给品，必须保证管理系统和现物管理等的规则得以彻底执行。

具体而言，相关部门必须对合同、费用承担、质量责任、维护保养信息、盘点、冲账（合规合法前提下的）等事项，制定出供给品管理规定和细则要领，并合理核算采购价格、管理费用（接收、检查、保管、利息）、供给管理费（交付、运送、生产处理）等费用的承担（有偿或无偿）。

确认的要点有：供给品的管理规定（基准、程序、细则要领）；费用承担（有偿或无偿）的规则与合理性；供给品管理规定及其遵守与改善；供给品管理系统及维持和提高的机制。具体参照表 3-8-4。

表 3-8-4　供给品管理

对标指南	确认对象	确认内容和方法	详细确认项目 （检查、沟通、指导）
a. 供给品管理规定（基准、程序、细则要领）	部门负责人	确认供给品管理规定、细则要领等资料。听取。	□有模具等生产设备、零部件和知识产权所有权等方面的供给管理规定（基准、程序、细则要领） （□合同□费用承担□质量责任□对冲（法律上的）□丢失、损坏）

对标指南	确认对象	确认内容和方法	详细确认项目 （检查、沟通、指导）
b. 费用承担（有偿或无偿）的规定及其合理性	↑	确认有偿供给、无偿供给的规则内容。 听取。	□有与费用承担（有偿或无偿）相关的规定
			□合理、恰当地确定了费用承担（有偿或无偿） 确定费用承担的实例： □采购价格□管理费（接受、检查、保管、利息）□供应管理费（付款、搬运、生产处理）□其他
c. 供给品管理规定及其遵守状况的监督检查、供给品管理的修订与改善	↑	确认相关机制和管理体制。 提问，进而抽样确认遵守状况的管理、修订改善的实施事例。	□有对供给品管理规定进行检查、修订和跟进的机制
			□对公司内部以及采购和外包供应商遵守本公司供给品管理规定的状况进行管理监督
			□对公司内部及采购和外包供给商是否遵守供给品管理规定进行管理监督
			□对以供给品管理规定及其遵守为首要内容的有关供给品管理的组织体制进行定期的重估、改善

200

（续表）

对标指南	确认对象	确认内容和方法	详细确认项目 （检查、沟通、指导）
d. 供给品管理系统及维持和提高的机制	↑	确认供给品管理体系。 听取。	□供给品管理系统能够发挥作用 管理体系实例： • 供给品相关信息的检索 • 废弃处理 • 盘点 • 其他
		现场确认组织体制图、体系运用手册、运用实际状态。 提问。	□对供给品相关信息进行维护的机制体制能够发挥作用
			□维持和提高供给品管理水平的体制能够发挥作用
		抽样确认盘点表、台账及现货。	□通过盘点等方式进行供给品实物确认，覆盖了一级供应商和二级供应商，并将维持管理落到实处

⑤交货期管理

交期延迟会带来许多严重后果，甚至会造成生产线停线。自身遵守交货期，并且让采购和外包供应商严格遵守交货期，是供应商管理中至关重要的事项。

确认的要点有：交货期管理目标的设定与贯彻；收货管理及其有效性；交货期遵守及防止交货期不当的改善指导；监督

检查和跟踪机制的固化。

以现地现物的方式确认以下内容：是否设定了交货期遵守率等管理目标值并向公司内部和全部供应商进行切实的传达；是否在现场实施了交货期目视化管理，并将到货实际状况以周为单位向供应商反馈；对交货期延迟是否有追究真因、防止再发的改善指导；对供应商交货期遵守状况进行定期点检监督的机制是否完善。具体参照表3-8-5。

表3-8-5　交货期管理

对标指南	确认对象	确认内容和方法	详细确认项目 （检查、沟通、指导）
a. 交货期管理目标的设定及彻底的全员悉知、推进交货期管理目标的实现	部门负责人（或主管科长）	在现场或业务科室，确认交货期管理目标、组织体制表、对供应商传达交货期目标的事例。 听取。	□对公司内部及采购和外包供应商设定了交货遵守率等定量的交货期管理目标
			□切实向公司内部和所有供应商传达交货期管理的项目和目标，并彻底实现全员周知（管理项目中设定的内容不仅包括物料还包括信息）
			□推进为实现交货期管理目标的改善活动的组织体制能够发挥作用

对标指南	确认对象	确认内容和方法	详细确认项目 （检查、沟通、指导）
b. 交货期实绩管理及其有效性、恰当性	↑	在现场或业务科室确认交货期管理的实际情况。 提问，进一步检查具体实例。	□能够把握交货实际业绩并进行管理
			□在现场实施了目视化的交货期管理
			□能够以每个交货指令为单位把握交货实绩，并能够以周为单位向供应商反馈交货期实绩和到货状况的评价（可以拿出每日、每小时的实绩、优秀业绩排行、倾向性、改善方案等）
c. 交货期不当的对策、防止再次发生以及发生交货期不当的供应商方面的改善活动	↑	在现场或业务科室，确认交货期不当的原因追查、对策、防止再次发生的实际状况。 提问，确认具体实例。	□对交期不当追查原因、采取对策、防止再次发生的机制能够发挥作用
			□在公司内部和供应商处，能够将针对交货期不当进行的纠正、对策处理横向推广
			□针对交货期进行改善指导，对发生交货期不当的供应商有计划地能够改善指导并取得成果
d. 交付期管理检查、跟进、监督机制的固化	↑	确认定期点检、审核的具体实例。 听取。	□使供应商定期检查、跟进、监督有关交货期管理的机制，已经成为日程业务内容固定下来，并发挥作用

203

"精益制造" 专家委员会

齐二石　天津大学教授（首席专家）

郑　力　清华大学教授（首席专家）

李从东　暨南大学教授（首席专家）

江志斌　上海交通大学教授（首席专家）

关田铁洪（日本）　原日本能率协会技术部部长（首席专家）

蒋维豪（中国台湾）　益友会专家委员会首席专家（首席专家）

李兆华（中国台湾）　知名丰田生产方式专家

鲁建厦　浙江工业大学教授

张顺堂　山东工商大学教授

许映秋　东南大学教授

张新敏　沈阳工业大学教授

蒋国璋　武汉科技大学教授

张绪柱　山东大学教授

李新凯　中国机械工程学会工业工程专业委会委员

屈　挺　暨南大学教授

肖　燕　重庆理工大学副教授

郭洪飞　暨南大学副教授

毛少华　广汽丰田汽车有限公司部长

金　光　广州汽车集团商贸有限公司高级主任

姜顺龙　中国商用飞机责任有限公司高级工程师

张文进　益友会上海分会会长、奥托立夫精益学院院长

邓红星　工场物流与供应链专家

高金华　益友会湖北分会首席专家、企网联合创始人

葛仙红　益友会宁波分会副会长、博格华纳精益学院院长

赵　勇　益友会胶东分会副会长、派克汉尼芬价值流经理

金　鸣　益友会副会长、上海大众动力总成有限公司高级经理

唐雪萍　益友会苏州分会会长、宜家工业精益专家

康　晓　施耐德电气精益智能制造专家

缪　武　益友会上海分会副会长、益友会/质友会会长

东方出版社

广州标杆精益企业管理有限公司

日本制造业·大师课

手机端阅读，让你和世界制造高手智慧同步

片山和也：
日本超精密加工技术
系统讲解日本世界级精密加工技术
介绍日本典型代工企业

国井良昌：
技术人员晋升·12讲
成为技术部主管的 12 套必备系统

山崎良兵、野々村洸，等：
AI 工厂：思维、技术·13 讲
学习先进工厂，少走 AI 弯路

高田宪一、近冈裕，等：
日本碳纤材料 CFRP·11 讲
抓住 CFRP，抓住制造业未来 20 年的
新机会

中山力、木崎健太郎：
日本产品触觉设计·8 讲
用触觉，刺激购买

高市清治、吉田胜，等：
技术工人快速培养·8 讲
3 套系统，迅速、低成本培育技工

近冈裕、山崎良兵，等：
日本轻量化技术·11 讲
实现产品轻量化的低成本策略

近冈裕、山崎良兵、野々村洸：
日本爆品设计开发·12 讲
把产品设计，做到点子上

近冈裕、山崎良兵、野々村洸：

数字孪生制造：
技术、应用 · 10 讲

创新的零成本试错之路，智能工业化
组织的必备技能

吉田胜：

超强机床制造：
市场研究与策略 · 6 讲

机床制造的下一个竞争核心，是提供
"智能工厂整体优化承包方案"

吉田胜、近冈裕、中山力，等：

只做一件也能赚钱的工厂

获得属于下一个时代的，及时满足客
户需求的能力

吉田胜：

商用智能可穿戴设备：
基础与应用 · 7 讲

将商用可穿戴设备投入生产现场
拥有快速转产能力，应对多变市场需求

吉田胜、山田刚良：

5G 智能工厂：
技术与应用 · 6 讲

跟日本头部企业学
5G 智能工厂构建

木崎健太郎、中山力：

工厂数据科学家：
DATA SCIENTIST · 10 讲

从你的企业中找出数据科学家
培养他，用好他

中山力：

增材制造技术：
应用基础 · 8 讲

更快、更好、更灵活
——引爆下一场制造业革命

内容合作、推广加盟
请加主编微信

东方出版社助力中国制造业升级

书　名	ISBN	定　价
精益制造 001：5S 推进法	978－7－5207－2104－2	52 元
精益制造 002：生产计划	978－7－5207－2105－9	58 元
精益制造 003：不良品防止对策	978－7－5060－4204－8	32 元
精益制造 004：生产管理	978－7－5207－2106－6	58 元
精益制造 005：生产现场最优分析法	978－7－5060－4260－4	32 元
精益制造 006：标准时间管理	978－7－5060－4286－4	32 元
精益制造 007：现场改善	978－7－5060－4267－3	30 元
精益制造 008：丰田现场的人才培育	978－7－5060－4985－6	30 元
精益制造 009：库存管理	978－7－5207－2107－3	58 元
精益制造 010：采购管理	978－7－5060－5277－1	28 元
精益制造 011：TPM 推进法	978－7－5060－5967－1	28 元
精益制造 012：BOM 物料管理	978－7－5060－6013－4	36 元
精益制造 013：成本管理	978－7－5060－6029－5	30 元
精益制造 014：物流管理	978－7－5060－6028－8	32 元
精益制造 015：新工程管理	978－7－5060－6165－0	32 元
精益制造 016：工厂管理机制	978－7－5060－6289－3	32 元
精益制造 017：知识设计企业	978－7－5060－6347－0	38 元
精益制造 018：本田的造型设计哲学	978－7－5060－6520－7	26 元
精益制造 019：佳能单元式生产系统	978－7－5060－6669－3	36 元
精益制造 020：丰田可视化管理方式	978－7－5060－6670－9	26 元
精益制造 021：丰田现场管理方式	978－7－5060－6671－6	32 元
精益制造 022：零浪费丰田生产方式	978－7－5060－6672－3	36 元
精益制造 023：畅销品包装设计	978－7－5060－6795－9	36 元
精益制造 024：丰田细胞式生产	978－7－5060－7537－4	36 元
精益制造 025：经营者色彩基础	978－7－5060－7658－6	38 元
精益制造 026：TOC 工厂管理	978－7－5060－7851－1	28 元

书　　名	ISBN	定　价
精益制造 027：工厂心理管理	978-7-5060-7907-5	38 元
精益制造 028：工匠精神	978-7-5060-8257-0	36 元
精益制造 029：现场管理	978-7-5060-8666-0	38 元
精益制造 030：第四次工业革命	978-7-5060-8472-7	36 元
精益制造 031：TQM 全面品质管理	978-7-5060-8932-6	36 元
精益制造 032：丰田现场完全手册	978-7-5060-8951-7	46 元
精益制造 033：工厂经营	978-7-5060-8962-3	38 元
精益制造 034：现场安全管理	978-7-5060-8986-9	42 元
精益制造 035：工业 4.0 之 3D 打印	978-7-5060-8995-1	49.8 元
精益制造 036：SCM 供应链管理系统	978-7-5060-9159-6	38 元
精益制造 037：成本减半	978-7-5060-9165-7	38 元
精益制造 038：工业 4.0 之机器人与智能生产	978-7-5060-9220-3	38 元
精益制造 039：生产管理系统构建	978-7-5060-9496-2	45 元
精益制造 040：工厂长的生产现场改革	978-7-5060-9533-4	52 元
精益制造 041：工厂改善的 101 个要点	978-7-5060-9534-1	42 元
精益制造 042：PDCA 精进法	978-7-5060-6122-3	42 元
精益制造 043：PLM 产品生命周期管理	978-7-5060-9601-0	48 元
精益制造 044：读故事洞悉丰田生产方式	978-7-5060-9791-8	58 元
精益制造 045：零件减半	978-7-5060-9792-5	48 元
精益制造 046：成为最强工厂	978-7-5060-9793-2	58 元
精益制造 047：经营的原点	978-7-5060-8504-5	58 元
精益制造 048：供应链经营入门	978-7-5060-8675-2	42 元
精益制造 049：工业 4.0 之数字化车间	978-7-5060-9958-5	58 元
精益制造 050：流的传承	978-7-5207-0055-9	58 元
精益制造 051：丰田失败学	978-7-5207-0019-1	58 元
精益制造 052：微改善	978-7-5207-0050-4	58 元
精益制造 053：工业 4.0 之智能工厂	978-7-5207-0263-8	58 元
精益制造 054：精益现场深速思考法	978-7-5207-0328-4	58 元
精益制造 055：丰田生产方式的逆袭	978-7-5207-0473-1	58 元

书　名	ISBN	定　价
精益制造 056：库存管理实践	978-7-5207-0893-7	68 元
精益制造 057：物流全解	978-7-5207-0892-0	68 元
精益制造 058：现场改善秒懂秘籍：流动化	978-7-5207-1059-6	68 元
精益制造 059：现场改善秒懂秘籍：IE 七大工具	978-7-5207-1058-9	68 元
精益制造 060：现场改善秒懂秘籍：准备作业改善	978-7-5207-1082-4	68 元
精益制造 061：丰田生产方式导入与实践诀窍	978-7-5207-1164-7	68 元
精益制造 062：智能工厂体系	978-7-5207-1165-4	68 元
精益制造 063：丰田成本管理	978-7-5207-1507-2	58 元
精益制造 064：打造最强工厂的 48 个秘诀	978-7-5207-1544-7	88 元
精益制造 065、066：丰田生产方式的进化——精益管理的本源（上、下）	978-7-5207-1762-5	136 元
精益制造 067：智能材料与性能材料	978-7-5207-1872-1	68 元
精益制造 068：丰田式 5W1H 思考法	978-7-5207-2082-3	58 元
精益制造 069：丰田动线管理	978-7-5207-2132-5	58 元
精益制造 070：模块化设计	978-7-5207-2150-9	58 元
精益制造 071：提质降本产品开发	978-7-5207-2195-0	58 元
精益制造 072：这样开发设计世界顶级产品	978-7-5207-2196-7	78 元
精益制造 073：只做一件也能赚钱的工厂	978-7-5207-2336-7	58 元
精益制造 074：中小型工厂数字化改造	978-7-5207-2337-4	58 元

图书在版编目（CIP）数据

制造业经营管理对标：过程管理. 上／丁汝峰 编著. —北京：东方出版社，
2021. 12

（精益制造；075）

ISBN 978-7-5207-2516-3

Ⅰ.①制… Ⅱ.①丁… Ⅲ.①制造工业—工业企业管理—研究—日本
Ⅳ.①F431.36

中国版本图书馆 CIP 数据核字（2021）第 238953 号

精益制造 075：制造业经营管理对标：过程管理（上）

[JINGYI ZHIZAO 075: ZHIZAOYE JINGYING GUANLI DUIBIAO: GUOCHENG GUANLI（SHANG）]

编　　著：丁汝峰
责任编辑：崔雁行　史晓威
责任审校：金学勇
出　　版：东方出版社
发　　行：人民东方出版传媒有限公司
地　　址：北京市西城区北三环中路 6 号
邮　　编：100120
印　　刷：北京文昌阁彩色印刷有限责任公司
版　　次：2021 年 12 月第 1 版
印　　次：2021 年 12 月第 1 次印刷
开　　本：880 毫米×1230 毫米　1/32
印　　张：7.25
字　　数：77 千字
书　　号：ISBN 978-7-5207-2516-3
定　　价：58.00 元
发行电话：（010）85924663　85924644　85924641